【經典】
—CARE—
【關懷】

八天八夜的奇蹟

慈濟毫秒援震花蓮

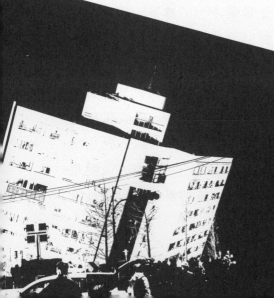

慈濟基金會　賴睿伶等　編

　　人生無常，世事難料，意外總是在瞬息之間襲來，再堅固的建築，終究敵不過大自然的威力而倒塌；再年輕的生命，也經不起因緣果報的業力而消殞。面對無常，分毫由不得自己，讓人無限感慨與疼惜。

　　2月6日深夜十一點五十分，花蓮近海發生芮氏規模6.26、震度七級的強烈地震，造成花蓮市雲門翠堤大樓、白金雙星大樓及統帥大飯店等傾斜塌陷，十七人不幸往生，其中不少是海外觀光客，他們開開心心來花蓮遊山玩水，卻遭遇這場災難，怎不令人遺憾？

　　那一夜，我輾轉難眠，分分秒秒關注著新聞訊息，內心始終憂慮不安，想到鄉親受困、受傷或失聯，家屬焦急的心情；又想到鄉親在睡夢中慌忙逃出，來不及穿上保暖的厚衣，在十度低溫的夜裡受驚受冷……當下，我感到非常悲痛，整個心都空掉了！正如當年九二一大地震一樣，真正是「悲極無言」！

　　這波災難勾起了我銘心刻骨的記憶，去年(2017)歲末祝福出門期間，我一直都在想著「九二一」，在臺中說著九二一，到南投也跟大家提起九二一，莫忘九二一，叮嚀人人要用感恩心看待走過九二一地震的歷史。可是地震

又再度發生，實在是悲極無言！地震發生後的翌日上午八點多，我到市區察看災情，唯恐打擾救援工作，所以不敢靠近，就坐在車內，沿途見到有些路面因地震隆起或龜裂，而市區密集的民房所幸都安然無恙，看到這些景象，空掉了的心，才稍微獲得弭平。

然而，車子漸漸接近重災區，遠遠看到雲門翠堤大樓已經傾斜，周圍拉起黃色布條封鎖，我的心不免又揪了起來，感覺一陣淒涼。但是隨即見到一個個出生入死的救難英雄，奮勇地爬上雲梯，鑽進傾斜大樓的窗內去救人，心裡又湧起一陣振奮。這群救難英雄，真的很令人感動，他們都甘願這麼做，我們真的要向他們合十致敬，打從內心給予讚歎。

其實，災難發生後，從各方湧來的救難英雄，一批又一批地接力投入，搜救的行動未曾停歇。他們奮不顧身，在搖搖欲墜、餘震連連的大樓裡，與時間賽跑，只要有絲毫生命跡象傳出，就冒著危險鑽進去，把握黃金七十二小時的救援時間，希望能多救出一條生命。

早在震後的第一時間，花蓮慈濟基金會志業體同仁與志工菩薩，在天搖地動中同樣受驚或受災，儘管家中家具傾倒、物品掉落，仍然迅速動員，穿上「藍天白雲」，集結備妥相關物資，頂著寒風冷雨，膚慰陪伴受災的鄉親。6日深夜十一點五十五分，靜思精舍即已成立總指揮中心，並決定於7日凌晨兩點後開放全球志工寮房，提供作為暫

時安置受到驚嚇的鄉親及外來遊客的處所。

在半夜的驚恐中，從屋子裡逃出來的鄉親們，不敢回到屋裡。精舍常住眾凌晨一點開始煮香積粥、饅頭和薑茶，送到現場，溫暖鄉親的心。慈濟人後續也在中華國小、國民四街、福康飯店、花蓮縣立體育館等處發放毛毯及福慧床，提供熱食、薑茶，安撫受到驚嚇的鄉親。

靜思精舍作為志工的後盾，為鄉親們在寒夜中送暖；花蓮慈濟醫院也徹夜燈火通明，為及時搶救生命，在7日零點十分即啟動「大量傷患機制」。深夜時分，在餘震的搖晃中，林欣榮院長透過電話跟我說：「師父請安心，我們開始展開準備了。」許多醫護同仁都是不待召喚，當得知災情嚴重便自行前往醫院報到。當時輕重傷患送到慈院急救有一百多人，感恩醫護人員和同仁，感恩他們在那麼大的餘震中，仍然以搶救為先。

除了花蓮在地慈濟人的付出行動，全臺各地慈濟醫院及慈濟人文志業中心也舉行祈福會。其他縣市的慈濟人並動員整備物資，臺北與宜蘭慈濟人為了將福慧床、毛毯、圍巾等物資送達花蓮支援，7日至10日間，多次透過火車運輸，感恩松山火車站羅雲山站長與宜蘭火車站俞正吉站長的協助，以及在這兩個車站服務的菩薩們全力配合；同時很多旅客也主動幫忙，大家以接龍的方式，每次都在很短的時間內將物資搬上火車，讓火車能夠準時發車。

災區的搜救工作，在11日正式告一段落。五天來，

從全臺各地及國外前來支援的隊伍一起投入，可見，天地之間，人人都是一家親啊！這段時間，慈濟人一直陪伴在旁，日夜供應熱食、飲品及保暖衣物，不分親疏地付出愛的能量，這就是「大愛共伴有情天」。

就在搜救工作即將結束之際，精舍常住眾帶領來自臺北、宜蘭、臺東、臺南及海外歸來的慈濟人，加上花蓮當地志工，分別在 10 日全天及 11 日上午，共分成一百四十條動線，進行安心家訪，走入花蓮的大街小巷，挨家挨戶關懷鄉親，並致送祝福禮。11 日下午，慈濟基金會並在靜思堂舉辦「祝福花蓮──祈禱音樂會」，感恩多位演藝菩薩用歌聲、音樂撫慰鄉親。

善的能量、愛的能量，實在是很令人感動！九二一大地震已過去將近十九年，當時海內外匯聚愛與善的能量，讓臺灣可以快速走出震災的陰霾。這次花蓮地震，許多曾經受慈濟幫助過的國家，如墨西哥、柬埔寨、菲律賓、尼泊爾、南非及敘利亞難民等，都紛紛傳來關懷……點點滴滴都很令人感動。

災難是大自然發出的警訊，只有人人戒慎虔誠，善念會合愛的能量，才能真正消弭災難。期待人人起心動念都是善、都是愛，時常相互祝福、行善造福，大愛廣披寰宇，相信我們的社會就能祥和，天下自然就能平安。

佛教慈濟基金會創辦人 釋證嚴

證嚴上人致鄉親慰問信

敬愛的鄉親們：

　　世間無常，天災難料，驟然來襲的強震，讓大家都受到驚嚇了！

　　2月6日晚間十一點五十分，正當大家準備入睡或熟睡之際，臺灣東部近海發生芮氏規模 6.26 的淺層地震，震央所在地花蓮首當其衝，震度高達七級，造成鄉親傷亡、失聯及花蓮市雲門翠堤大樓、白金雙星大樓及統帥大飯店等傾斜下陷的悲劇。此外，也造成七星潭大橋龜裂、花蓮大橋隆起，以及花蓮市華西路龜裂等災情。

　　自地震發生後，證嚴一夜難眠，分分秒秒都在關注著新聞訊息，內心備受煎熬，思及鄉親因餘震不斷，寧可露宿在十度低溫的戶外，也不願回到屋內，證嚴身在花蓮，同感鄉親的處境與心情，翌日上午遂親至災區，眼見災區滿目瘡痍的景象，看到鄉親家園殘破，一時間有家歸不得，尤其是為了等待受困在瓦礫堆中的家人，必須忍受時間的煎熬，可以想像，此刻的心情是多麼地沉重！實在是苦不堪！證嚴萬分不捨，悲極無言！

　　感恩救難人員在寒凍的深夜裡持續搜救，政府與警方、救災單位開放收容所安置災民。慈濟基金會在七日凌

晨零點二十分即成立防災協調總指揮中心，啟動救災機制，開放靜思堂收容受災的鄉親。慈濟志工也在第一時間於各災區設置服務點，安撫鄉親驚恐的心，並送上熱騰騰的薑茶、香積粥，同時提供多功能福慧床、毛毯等應急的生活物資，表達誠摯的關懷與祝福。

值此之際，政府與民間力量應一起配合，大家同心協力，共度難關。相信黑暗終將過去，黎明一定會到來；鄉親未來的路不會孤單，慈濟人願意隨時傾聽，長期陪伴，期待展開賑災援助後，鄉親們可以早日回歸正常生活。

面對近來重大天災不斷，人人應提高警覺、戒慎虔誠，更要居安思危，彼此發揮一分善的力量。讓我們一起為臺灣祝福，也為花蓮每一位鄉親祈禱。

佛教慈濟基金會創辦人　釋證嚴
2018 年 2 月 7 日

證嚴上人致救難人員感恩信

敬愛的救難英雄：

此次實際震度高達七級的罕見強震，在下著冷雨的暗夜襲擊花蓮；讓習慣地震搖晃的花蓮人飽受驚嚇！不幸的是，位在米崙斷層上的花蓮市雲門翠堤大樓、白金雙星大樓及統帥大飯店等四棟高樓傾斜下陷，許多鄉親來不及逃離現場，身陷危樓之中。很感恩所有的救難菩薩，帶著搜救工具和救難犬，與時間賽跑，先後投入搜救工作。

在寒風冷雨中，和持續不斷四級以上的餘震，增加救災的難度。但見各位救難英雄不畏險難，不斷進出持續傾斜的大樓，在斷垣殘壁中，持續搜救；只為守候在現場焦急等待的家屬帶來一絲希望。這分聞聲救苦，以生命搶救生命的精神，即是人人心目中的大悲觀世音菩薩。

如今，救災已告段落，來自四方的警消救難英雄就要返回崗位，證嚴謹代表所有慈濟人獻上無限的敬佩、感恩與祝福。但願人人平安吉祥，也讓我們一起為臺灣祝福，為花蓮所有的鄉親祈禱。

佛教慈濟基金會創辦人　釋證嚴
2018 年 2 月 9 日

雲門翠堤大樓從底部傾斜，救難隊員
切斷糾結如亂麻的鋼筋，打穿破碎的
水泥與碎磚，輪番冒險突入建築內部，
搜尋失聯的民眾。（攝影／劉鴻榮）

　　2月6日深夜，芮氏規模6.26、震度七級的地震重創花蓮，在這次震災中，讓我親身見證到慈濟的動員力，不僅靜思精舍常住師父們，還有慈善、醫療、教育、人文四大志業體的同仁，以及當地的志工，在第一時間都即刻動員起來。

　　前往災區勘察時，我遇到一位在國內某慈善機構擔任要職的朋友，他當著我的面稱讚：「慈濟動員好快！」為什麼慈濟動員這麼快？一如證嚴上人開示中常提到的，因為我們平常一直都在動員、一直投入在社區服務中，所以當災難發生時，志工可以很快到達現場。

　　根據慈濟基金會統計，全臺慈濟志工每個月在社區關懷的戶數多達二萬五千戶，這些照顧戶都是慈濟長年持續關懷的對象，依此計算，每個月全臺大約有十萬名志工在動員，這項數據還不包括偶發性的天然災害，或是人為的車禍等意外事故。

　　由此可見，慈濟平時都動員在幫助這些需要幫助的人或事，其實不用問慈濟在哪裡，慈濟為什麼動員這麼快，因為慈濟一直都在，一直都在動員。

　　不僅是慈濟志工動員迅速，慈濟基金會的

職工也在地震發生後，很快投入災區關懷。據我所知，當晚慈濟志業體有好幾位主管都在感冒中，但是他們不畏天氣寒冷，都前往災區了解狀況，甚至有些同仁家裡也受損，他們卻不急著先整理，而是馬上到災區投入。如果沒有上人平常的教導、精神的感召，沒有那分悲心，一般人是做不到的；上人強調「人傷我痛，人苦我悲」，我可以感受到同仁看到別人受傷、受苦，自己也能感同身受，這分精神是非常不容易的。

慈濟志工不僅關懷受傷的鄉親，也為罹難者助念，還陪伴罹難者的家屬。與此同時，志工在災區關懷的各個據點，為災民及救難人員提供熱食、毛毯、圍巾及福慧床；花蓮慈濟醫院在地震發生後便立即啟動「紅色九號」（大量傷患機制），超過兩百位醫護人員立刻趕到急診室，提供及時的救治服務。

在災後安身方面，縣政府提供花蓮縣立體育館及花蓮市中華國小作為災民安置中心，慈濟則提供全球志工寮房，收容近兩百位鄉親，而志工的關懷很到位，在兼顧安全、舒適下，面面設想周全，盡量提供鄉親的需求。此外，慈濟教育志業體的老師們也到安置中心，陪伴孩子們進行課業輔導或帶他們玩遊戲、做運動。

早在地震發生的第一天，慈濟就緊急發放慰問金，發放時都有精舍師父們帶領著；災後第四天、第五天，慈濟規劃一百三十條動線的安心家訪行動，關懷災區附近的居

民；也許他們的房屋沒有受到損傷，可是他們的心靈可能受傷了，因此我們啟動關懷行動，深入花蓮的大街小巷進行關懷，也都由精舍師父們帶領。

作為全球慈濟人心靈故鄉的靜思精舍就在花蓮，常住師父們親自帶領志工關懷鄉親，災民看到出家師父，內心會生起一定的寄託與安定的力量，師父們以佛法、對生命的智慧開導災民，讓受災者能心寬意解或放下傷痛，這是很重要的「膚慰」力量。

至於救災現場，連續五天的搜救工作至 11 日告一段落，當救難團體要離開時，我們也很貼心地感恩他們的付出，特別將上人的感恩卡及祝福禮等獻上，表達真誠的敬意與謝意。

值得一提的是，上人在 7 日上午就親赴災區了解受災情況；上人勘察以後，傳遞一股穩定心靈的能量。在「祝福花蓮──祈禱音樂會」上也明白指示災難已經過去，其實在第五天仍有很多災民驚魂未定，不願搬離安置中心及慈濟全球志工寮房；上人的話，確實發揮了安定人心的作用，引領大家走出陰霾、繼續向前。

一直以來，慈濟賑災的精神是「走在最前，做到最後」，這次援助行動也不例外，慈濟不會只投入緊急救助階段而沒有後續規畫，後面的確還有中長期計畫。為了花蓮地震災情，慈濟確確實實盡了相當大的心力。外界曾提及，此次震災慈濟投入兩千多人次服務，確切地說，應該

是八千六百多人次；投入這麼多人力，無不都是為了要能安撫鄉親的心理或即時地、持續地提供物資等各項服務，都是很大的支持力量。這股力量感動了許多團體，包括救難隊，在這次震災中與慈濟接觸後，都紛紛表達想進一步跟慈濟交流學習的意願。

在這次災難中，慈濟人體現了「無緣大慈，同體大悲」的精神。誠如慈濟在全球各地慈善援助引起的效應，這次有三十六個國家地區為花蓮地震募心募款，而第一個為花蓮募款的是土耳其的敘利亞難民兒童；他們啟動八場的募心募款活動，竟募到了新臺幣三十九萬八千多元，這是很令人感動的事；這些孩子目前還接受慈濟的援助，如果沒有慈濟的援助，他們必須打工維持家計，這是慈濟帶動「善的循環」最佳的見證。

感恩在這次地震中投入付出的菩薩們，包括臺北、宜蘭、臺東、臺南與花蓮本地，以及遠從海外回來的慈濟人，欣見大家合和互協，大愛共伴，一路膚慰、陪伴鄉親，在寒天裡張開溫暖的臂膀讓大家依靠，相信花蓮鄉親都感受到了慈濟人的溫情與大愛。

感恩之餘，也祝福臺灣，祝福花蓮，祝福每一位在這片好山好水勤墾生活的鄉親。

慈濟慈善事業基金會 執行長 顏博文

不捨晝夜／愛的奇蹟

天災無情，人間有愛。「0206 花蓮地震」自 6 日深夜地震發生以來，至 14 日花蓮慈濟志工前來靜思精舍，以溫馨座談方式，向證嚴上人分享服務心得，八夜八日的不捨晝夜、投入關懷下，以及公部門與社會各界的共同愛心，終讓此次受災的鄉親，能在農曆年前，離開收容中心，一一安置或返家，這是在此次大震後，臺灣社會共同努力的結果。

然而，臺灣因先天條件的脆弱性，天災不斷地如警鐘般提醒著我們，地震、颱風、水患、旱災……一次次的災難考驗，讓臺灣在應災、備災，到復原、減災的能量逐漸提升，而慈濟人早在 1969 年臺東大南村大火，首次舉辦大型急難救助開始，即累積起多元、務實而又立即的災後關懷機制，歷經近五十年來的援救災投入，慈濟志工做到「只要雙腳走得到，雙手伸得到」的地方就有慈濟人以其同理心跨越空間、以行動付出愛心。

不只在臺灣，在大地震後的關懷行動上：1999 年土耳其大地震、2004 年南亞海嘯、2008 年中國大陸汶川地震、2010 年海地大地震、2011 年東日本大地震、2015 年尼泊爾強震、2017 年墨西哥地震……都有慈濟人投入

關懷的足跡，和當地政府、在地非營利組織或國際慈善組織，一同援助災民。此次花蓮，強震就發生在「家門前」。花蓮、蓮花，蓮花的花果併生是慈濟會徽中的重要象徵，花蓮更是全球慈濟人心靈故鄉的所在地，對此震災，慈濟人不捨也不忍，可說是在毫秒間即觸動慈濟人對災難救援的敏感神經，慈濟人無論是否受災，皆自發性地投入賑災行列，證嚴上人更親自勘災。

花蓮縣政府統計，此次投入賑災援助的慈善與社會團體多達五十個；在搜救工作上，消防局表示，共有來自臺灣各地三十二支搜救團隊、超過三千二百人次投入搶救工作，除甫成立的花蓮縣搜救總隊外，花蓮在地警義消、紅十字會等，皆及時發揮搶救功能，而來自外地最快速的搜救隊伍，是在凌晨三點多即抵達花蓮。民間的工程公司也主動將怪手、挖土機等機械設備，開至現場，由總指揮中心統一調度，再加上土木技師公會、結構技師公會、建築師公會的協力監測，讓救災人員在傾斜、有倒塌之虞的大樓中搜救時，能有更高的安全保障。

證嚴上人曾言：「臺灣無以為寶，以善以愛為寶。」在此次的震後援助中，再次見證臺灣人善的力量！2月6日那一夜的寒風刺骨、驚心動魄，或許終將漸被人們淡忘，但相信，這期間所激盪起的愛，將成為所有人面對未來無常天災、極端氣候下的挑戰時的共同資糧！

目錄

2 · 證嚴上人開示：震動大愛 袪苦弭災

6 · 證嚴上人致鄉親慰問信

8 · 證嚴上人致救難人員感恩信

10 · 執行長的話：見證慈悲與智慧

14 · 出版緣起：不捨晝夜 愛的奇蹟

18 · 0206 花蓮地震災區與慈濟服務站

第一章 2月6日 強震「再」起

24 · 暗夜強震 險中求生

32 · 即刻動員 同理災民所需

40 · 寒夜悲戚 藍衣穿梭無息

46 · 紅色九號 生死拔河一瞬間

52 · 災區見證者 分秒傳大愛

第二章 志工相伴 有你真好

62 · 患難中 見真情

68 · 愛心湧入 人人有事做

72 · 千人起居 環境大考驗

78 · 綠色賑災 「手」護地球

82 · 大家的哆啦A夢

88 · 陪伴你身旁

92 · 最安心的住宿

第三章 愛從地湧 流向花蓮

100 · 震災中的英雄

106 · 物資動員 支援前線

112 · 不請之師 「回家」做後盾

118 · 在地動員 拉手向前

124 · 人親土親 共好花蓮

128 · 感恩您的挺身而出

第四章 有情人間 感恩弭災

138 · 抹去心中的陰影

144 · 聽懂孩子的心

148 · 青春不變調

152 · 災區救護 不分你我

158 · 遠離災後症候群

164 · 安心家訪 送暖到家

170 · 敦親睦鄰 揮別驚恐

174 · 做志工 最安心

178 · 虔誠祝福 陪他一程

第五章 愛擁寶島 伴度難關

186 · 災後復建 縣長借重慈濟經驗

192 · 虔誠！全球為臺灣祝福

200 · 曾經受援 這次換我助您

206 · 歷劫歸來 平安就是福

210 · 精舍團圓 都是一家人

214 · 用音樂打開封閉的心

222 · 0206 花蓮地震慈濟援助
行動表暨關懷行動數據統計

0206花蓮地震災區與慈濟服務站

雲門翠堤大樓

   花蓮縣立體育場
· 2/7設立慈濟服務中心
· 2/8設置課輔陪伴閱讀中心

  自強國中
· 2/9設立慈濟服務中心
  與課輔陪伴閱讀中心

   慈濟志業園區
· 2/7花蓮靜思堂成立合心防災協調中心
· 2/7開放慈濟志業園區全球志工寮房安置民眾
· 花蓮慈濟醫院於7日凌晨00時10分
  啟動急診大量傷患緊急應變機制

  福康大飯店
· 2/7設立慈濟服務中心

 花蓮市殯儀館
· 2/9設立慈濟服務中心

吾居吾宿大樓

白金雙星大樓

   中華國小
・2/7設立慈濟服務中心

藍天白雲民宿
・2/8設立慈濟服務中心

天惠堂
・2/8設立慈濟服務中心

國民四街
・2/7設立慈濟服務中心

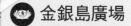 金銀島廣場
・2/7設立慈濟服務中心

統帥大飯店

● 災點

⌂ 安置點

慈濟服務中心

慈院設救護站

第一章

2/6

強震「再」起

地震來時，會躲在桌子下的，一定不是花蓮人……」這句話在 2 月 6 日前，是花蓮人自誇鎮定的說詞，然而在深夜十一點五十分之後，那一場撼人的強震，與其接續不斷的大小餘震，不僅搖醒了睡夢中的花蓮人，震撼了他們前所未有的經驗，也震毀了他們習以為常，總能在震後平安無事的家園。

「我連衣服都來不及穿，趕緊套上一件外套，先生就對我說：『走，我們回妳娘家看看！』……」在花蓮土生土長的謝佩豫回想起那一夜，仍然餘悸猶存。「第一時間，我什麼也沒有帶，就直接衝回媽媽家。一路上，看到市區每一戶人家都很嚴重，而媽媽家的佛堂整個都倒了，其中一尊菩薩，九二一大地震時沒事，但是這次幫我家『重業輕受』，佛像被震倒在地，祂的頭斷掉了，我媽媽一直捨不得那尊菩薩。」

謝佩豫在媽媽家，才收拾起幾件物品，但接續的餘震又起，「算了，不收拾了！媽，我們拿好『制服』就走吧！」「要去哪裡？」「離我們家最近的是中華國小，就去那裡。」

走在商校街上，謝佩豫和先生、媽媽，三人穿著讓他們最感安心的衣服「藍天白雲」，一擡頭看不到平日熟悉

的美崙山，橫在眼前的，竟是已經傾斜的雲門翠堤大樓。這場芮氏規模高達 6.26 的強震，震央深度僅 6.31 公里，最大震度七級，時間上的巧合——「2月6日」，莫不讓人想起兩年前的這一天，美濃大地震造成臺南維冠大樓遭強震震倒伏地。

　　暗夜裡，訊息不斷傳出，「花蓮大橋裂了」、「統帥飯店倒了」、「還有白金雙星也倒了」……冷冽的寒風，迎身而來的透骨寒意與心底的恐懼相應，一旁「逃出」家裡的人們哭著、喊著，救護車、消防車尖銳的聲音此起彼落，愈是靠近災區，人人心中愈是盼望著，天趕緊亮、大地請平靜，別再讓人擔驚受怕！

　　統帥飯店外，驚慌的旅客挨縮在警戒線外的路旁，昏暗的燈光、哆嗦的身子，操著各式口音的旅人，就怕自己會魂斷異鄉，即便是已逃出升天的身，但卻失了安定的魂……「來，披上毛毯，我幫你倒一杯熱茶。」陌生的臉孔，已模糊不清，但是那分從身上與指尖傳來的溫暖，卻永遠難忘。終於天光由東方漸漸露出，災民們傷痛之餘，靜思精舍送來了第一碗熱粥，這是繼深夜的熱饅頭、薑茶後，精舍師父準備的早餐。

暗夜強震 險中求生

　　2月6日深夜，在「轟轟轟——」的地鳴後，長達八十六秒的強震震醒了睡夢中的人們，同時間，花蓮市的市區此起彼落的汽車警報聲、保全防盜鈴聲，彷彿預告著災情的到來。緊接著，手機裡的通訊軟體開始刷出一張張怵目驚心的照片——統帥飯店倒了！

　　啟業於 1977 年的統帥飯店，由於鄰近花蓮舊火車站，在當時少有高樓建築的年代，統帥飯店不僅是花蓮市的地標，更是許多花蓮人結婚、畢業、慶生……重大日子相聚慶賀的地方，但在強震破壞下，三樓成了一樓，飯店大廳與餐廳沒入其中。

　　當慈濟志工抵達現場時，甫於 1 月 13 日才成立的「花蓮縣特種搜救隊」已展開搶救工作，鮮黃色的制服，在深夜昏暗的燈光下，顯得相當明顯，他們帶著設備，穿入已成一樓的三樓窗戶，尋找著受困在飯店裡的房客與工作人員期間，亦有受困民眾，透過敲打牆壁求援。

　　現場救災人員迅速拉出了封鎖線，封鎖線內淨空出一片得以讓救護車、工程車緩衝的安全空間；在封鎖線外，焦急等待的家屬、工作人員，人人引著頸子、哆嗦著身體，在寒風中翹首盼著，希望下一個救出來的，就會是自己最心愛的人。

深夜低溫下，花蓮縣特種搜救隊利用
小型機具，搜尋受困於一樓和地下樓
的飯店員工，接續不斷的餘震，一度
拖延了搜救的進度。（攝影／陳光華）

搶救不容緩 締結訊息網絡

　　穿梭在人群中的慈濟志工，作為救災現場第二線服務的角色，在現場安撫第一時間逃出的民眾外，也展開第一時間的訊息蒐集工作，記錄災況、了解公部門防救災體系的動員情形，在「安全第一」的最高原則下，即刻將災區訊息發布在通訊軟體上，讓群組裡的志工與防災協調中心人員能獲知災況。

　　就在封鎖線的邊緣上，慈濟志工張文仕、陳光華，顧不得家中倒塌的櫥櫃與龜裂的牆壁，即刻趕到統帥飯店現場。張文仕為花蓮在地資深的公傳志工，平日與公部門即有往來；花蓮縣消防局林文瑞局長，第一時間聯絡上張文仕，除了表達災情的嚴重，希望慈濟能動員協助膚慰災民之外，也提出為救難人員、民眾提供毛毯和熱食的需求，張文仕一口答應，立即將訊息傳回團隊。

　　除了在電話中洽接需求，來到災區現場，更能體會到民眾的需要。在志工提出要求後，警察局副局長江東成立即同意慈濟在鄰近災區的地方設置熱食供應站，「師兄師姊，也要注意安全喔！」江東成副局長親切沉穩的態度，是志工安定的力量！另外，縣政府、市公所、消防局與立法委員徐榛蔚女士，也紛紛主動與慈濟聯繫，盼慈濟與公部門一同合作，關心災民。慈濟志工無須動員，勘災工作在災難發生的第一時間，即自發性地展開。

慈濟志工在統帥大飯店勘察災況後，
即向花蓮縣警察局副局長江東成（中）
提出設置供應站，以就近提供熱食、
茶水服務的想法，江東成相當認同，
並協助安排場地。（攝影／陳光華）

強震來襲 大樓受損

　　另一處重災區是座落在美崙溪河堤旁的雲門翠堤大樓，十二層樓的建築體，在大震後，二樓被擠壓至一樓，一樓則陷入地下室，偌大的建築物向商校街傾斜，裸露的鋼筋、碎裂的水泥牆，讓人震驚地震的威力。

　　大批的軍警、消防弟兄趕到現場，兵分多路分別尋找各個樓層的住戶，雲梯車來回協助居民進行疏散，嚇得幾近癱軟的居民，必須靠消防人員攙扶或抱著才能移動，從臉上冰冷的淚水，足以可見，深怕這一刻的離開就會與仍在家中的親人天人永隔。

　　夜如此漫長，消防署花蓮震災中央災害應變中心發布，該大樓共設籍七十二戶，直至早上七點半，仍有許多居民尚未聯絡上。

　　另一棟六層樓的建築白金雙星大樓與相鄰的吾居吾宿大樓，也傳出嚴重災情。吾居吾宿的一樓遭嚴重擠壓；白金雙星的一樓牆面破碎，向窗內探望，一樓已遭土石填滿，而停放在路旁的車輛也不堪坍塌石塊的擠壓，嚴重變形。

　　劉秋玉住在與兩棟樓相鄰不遠的大廈，連續的餘震，

雲梯車的救生平臺不斷地上下來回，協助居住在高樓層的民眾脫困。但由於大樓中不乏租屋住客，住宿人員動向無法確切掌握，提高救援的難度。（攝影／吳瑞祥）

讓整棟樓的住戶都驚嚇不已，「大樓搖晃得非常厲害，大家乒乒乓乓往樓下跑，我也趕快穿起外套跑了下去。」大家站在馬路上，不知是奔跑的暈眩或餘震不斷，一位太太喃喃有辭地說：「怎麼還沒有停下來、怎麼沒有停下來……」鄰居們望著眼前的家，沒有人敢進去。「師姑，您不怕嗎？」「師姑，接下來怎麼辦……」平日鮮少稱劉秋玉「師姑」的鄰居們，這時都看向了她，她鎮定地說：「不用怕，大家現在都沒事就要安心。等等地震一停，我就要進去拿我的制服！」

　　路上聚集的民眾愈來愈多，除了從兩棟大樓逃出的居民外，還有鄰近民宅的居民，大家再也無法安睡；驚慌的母親懷中攬著包包、手上拉著孩子，遠遠地站著……

　　世居南花蓮玉里鎮的傅小姐，離開家鄉和父母，獨自來到花蓮市區租屋；所住的國盛五街大樓，與兩棟被震毀的吾居吾宿和白金雙星僅隔一條巷子，當晚感受到的震幅是非常驚駭！「劇烈搖過後，我的櫃子倒了，大門也變形，右手、膝蓋受傷。」傅小姐住在四樓套房，若發生意外，身邊沒有幫手，她想來就覺得可怕。目前參加電腦職訓課的她說：「我這次是真的受驚了，連住在花蓮十幾年，教我們寫程式的老師都怕到逃去臺北。」她親見隔壁棟即將傾倒，有人從二樓一躍而下，也有人先跳到樓前損壞的汽車上頭，再快速爬下，一群人就聚在一處遮雨棚下議論紛紛，這一夜許多人再也無法安睡。

寒風中，慈濟防災協調總指揮中心成
員分成多條動線前往災區勘察，一方
面確認災區範圍、封鎖區域，一方面
勘察可供物資備援的據點，以擬定慈
濟的應災計畫。（攝影／林蔚綺）

即刻動員 同理災民所需

　　深夜十一點五十分，位在花蓮縣新城鄉康樂村的靜思精舍，木造的門窗因強震來襲，漸次地發出嘎嘎聲響，隨著搖晃的震動愈來愈強，寮房書櫃上的書籍、杯子也紛紛落下，「哇！」清修士潘翠微禁不住喊了出來，心中驚訝著，這一次地震有別於以往，真的太可怕了！

　　常住師父以及男女眾的清修士夥伴們，在第一時間分別察看精舍的建築物是否受到損傷。水管破裂、門窗掉落，牆壁、柱子及屋簷的水泥剝落，主堂的一些燈管也掉了下來，慶幸眾人皆平安。

　　深夜的強震威力，讓平日即具備警覺性的常住師父、清修士與志工們，當下便察覺恐怕將有災情傳出！清修士黃誠浩趕緊前往災時設為總指揮中心的新講堂，沒多久，清修士們帶著電腦一一抵達，即時成立「0206 花蓮地震防災協調總指揮中心」，並打開電視，開始蒐集地震相關訊息，以掌握災情。

　　另一廂，十四位清修士分成七組，致電花蓮區的法親家人，詢問是否平安，「師姊，您家裡的情況還好嗎？有沒有需要幫助的地方？」清修士們一一送上來自證嚴上人及精舍師父的關心。上人也從書房走出，看著電視不停播報災情，叮嚀眾人趕緊聯絡花蓮慈濟醫院、學校、各地慈

在靜思精舍的大寮，手擀饅頭帶著蒸
騰的熱氣即將被送往災區，這原是精
舍師父和志工們的早齋，但救災第一，
精舍早齋一切從簡，好讓溫熱餐食安
撫受災鄉親的身心。（攝影／詹進德）

濟人是否平安，並了解毛毯、福慧床（多功能摺疊床）等賑災物資的存貨量等。這一啟動，就直到天亮，指揮中心的人員愈來愈多，沒有人放下手上的工作。

薑茶熱食 常住無間休

在精舍另一隅，常住師父們接獲總指揮中心的熱食需求，立即展開準備工作。「月桂，現在外面的天氣很冷，等一下災民一定會需要薑茶，環保站可以煮薑茶嗎？」德愉師父趕緊電話聯絡花蓮資深香積志工蔡月桂。「師父，環保站可以煮，但是薑……現在可能只有精舍才有。」一聽到社區的狀況，再加上可想像社區將會非常忙碌，德愉師父一句話：「好，那麼我們來煮！」

一句允諾後，精舍的大寮便立即忙碌起來，一向都有備災、備糧觀念的常住師父，在兼顧時間與質、量的考量下立即應變，把原本的早餐餐點──饅頭轉變為賑災糧食，加上現煮的薑茶、熱水，在一番蒸氣翻騰、熱水滾滾後，凌晨一點二十分，五百人份的饅頭、薑茶與五穀漿準備完成，由兩位精舍師父親自送往統帥大飯店、雲門翠堤大樓及慈濟醫院急診室。

「因為臨時，所以才需要我們！」德愉師父與常住眾是社區志工的依靠，也是賑災工作最好的後援，「有一次，臨時需要八百八十人份的熱湯，我們四十分鐘就完成。所

慈濟「0206 花蓮地震防災協調總指揮
中心」，災後即刻於靜思精舍成立，
透過跨處室的團隊組合，因應災區的
各種需求。（攝影／潘彥同）

以只要有需要，哪怕是臨時的，我們也可以做到！」精舍大寮不僅連續供應數日的熱湯、薑茶與熱水等等，師父們也親自前往災區關懷鄉親。

不需動員 協調中心啟動

　　凌晨一點二十分，花蓮慈濟防災協調中心成立，不論平日的身分是志工，還是在志業體工作的同仁，人人陸續前往花蓮靜思堂，各就各位。熟悉總務工作的人，趕緊準備桌椅；熟悉人力動員的，就趕緊聯絡安排人力；熟悉車輛調度的人，趕緊調度小貨車……又或隨時補位，將最新的物資需求、災況，一一寫在白板上。這種各自補位，讓事情一一就緒的方法，不只展現在人力運用上，在空間應用上，也呈現——事情做到哪裡，需要多少空間，就布置多少桌椅，一切都是「有機地」隨需求而應變。

　　「這裡是慈濟基金會，你好！有需要協助的嗎？」凌晨兩點，慈濟提供「民眾求助專線」，四線電話與專人接聽，務必讓每個需求都不漏接。同時間通訊軟體中名為「花蓮區防災協調中心」群組也叮咚地不斷響著：「災民露天在外避災，現場很冷喔！」「毛毯，還要毛毯……」「精舍的薑茶已好，出發到中華國小！」一則則跳動的訊息，每一則都被重視著、關心著，特別是急用物資的調度。恰好協調中心的左側為靜思書軒、右側是大愛感恩科技花蓮

許多逃出的鄉親雖有毛毯保暖，但不及穿鞋的雙腳仍是冰凍。志工透過花蓮防災協調中心調度，將大愛感恩科技原在銷售的襪子，轉為賑災物資送往災區。（攝影 / 鄭啟聰）

概念館，兩間店鋪在災時立即轉變為應災的小倉儲，外套、長袖衣服，甚至是穿在腳上的襪子，所有可能需要的物資，都立即補給送往災區。

人車到位 快遞備災物資

「兒子，趕快向慈濟科技大學借小貨車，我們要立刻趕到靜思堂！」平日負責總務工作的志工劉家錦，看到災況如此嚴重，立即要任職於慈科大的兒子劉懿興向校方借貨車，同時間也趕到花蓮靜思堂的防災協調中心，果然，保暖的物資需要快速且大量的運送，自家的、朋友的、各志業體的貨車……劉家錦一一確認之後，再馬上調度司機，不一會兒，收到總務組蔡森全與行政組鄭鳳嘉的訊息後，立即準備出車。

同一時間，花蓮靜思堂的備災庫房也已經開啟，平日擔任警勤的總務處同仁，此時成為搬運志工，詹朝雄家中緊鄰床鋪的大櫥櫃，禁不起強震的搖晃，應聲倒下，衝進房內看到此景的詹朝雄一驚，好在已就寢的太太沒有被壓到，看著家中妻小無恙，他趕緊來到靜思堂應災。即便是天冷冬寒，備災庫房裡，人人搬運的速度不斷加快，兩百、三百……一箱箱的環保毛毯、福慧床，讓每個搬運人的身和心都熱了起來，也盼望著能送暖到災區，讓鄉親早日安下身心。

安置災民的花蓮縣立體育館（小巨蛋）
的地面既硬又冷，災民即便鋪了紙板
也難以安睡，志工緊急調度福慧床，
簡易地組裝後，立即讓災民得以安身。
（攝影／陳光華）

寒夜悲戚 藍衣穿梭無息

　　「天很冷，披件毛毯，好嗎？要不要喝些薑茶……」
在統帥飯店旁的停車場，靜思精舍的常住師父一一問候著
逃出統帥飯店的旅客，慈濟大學傳播系陳定邦老師也為不
斷搓手、哈氣取暖的媒體同業，送上熱茶，而及時逃出的
旅客，連鞋都來不及穿，志工也趕緊送上襪子，讓冰冷的
雙腳逐漸溫暖。

　　志工黃秀疎在花蓮生活了大半輩子，天天經過統帥飯
店，「我以前還在花崗國中服務時，每天都要經過統帥飯
店四次……」有別於旅客的短暫停留，她哽咽地說著心中
的不捨，昔日已習慣的地景，如今卻全變了樣，當下也只
能以行動來悼念這伴隨她成長的地方。隨著師父一一傾聽
避災旅客的需要，黃秀疎不時彎腰或蹲下；一位說著北京
腔的旅客，在接過薑茶後直說：「這個好，很好很好。」
被風凍得僵硬的臉，浮上了笑容，這一笑，也讓心中難過
不捨的黃秀疎獲得了寬慰。

　　稀稀落落的民眾徘徊在統帥飯店外的停車場不肯離
去，其中一位年輕人焦急地望向封鎖區，因為在飯店工作
的爸爸還沒有「出來」，不安的神情盡在臉上，妻子也抱
著孩子一同守在現場。「先生，到福康飯店裡面等吧！天
氣真的很冷啊！」黃秀疎勸著這一家人，臨時安置點福康

「喝杯薑茶好嗎？」靜思精舍師父與慈濟志工為在統帥飯店外等候受困家人的旅客提供熱茶，師父一邊奉茶、一邊勸慰，傾聽他們的心聲。（攝影／邱繼清）

飯店就在不遠處。「不用，我們要在這裡等……」這分堅持原地守候，是為了不想錯過見到爸爸的那一刻。

　　好在，毛毯來了，德如師父趕快為他們披上毛毯，輕聲的幾句話，安撫他們焦急的心情，「謝謝！謝謝你們的愛心。」盼父早歸的年輕人，忍不住地流下眼淚，不安的心情也稍稍隨之釋放，慈濟人用愛相伴，與他們一起度過這艱難的時刻。

應災不慌 同心無礙

　　就在統帥飯店旁的福康飯店，大震後雖然碗盤碎了一地，但好在建築本體無恙，慈濟志工趕緊協助清掃，也感謝飯店負責人提供一樓大廳，讓避災的旅客能在此安歇。

　　福康飯店的廚師們也很幫忙，為了審慎起見，廚房停用瓦斯，但整棟樓仍然有電，因此志工利用飲水機的熱水，將香積飯泡成鹹稀飯，「還有其他的嗎？」「有！」志工立即回應旅客的需要。在統帥飯店斜對角開設早餐店的洪老闆，店裡上下安然無恙，雖然仍能開店，但他選擇將店裡所有的食材都送到福康飯店，讓避災旅客多一項選擇。

　　凌晨兩點多，「毛毯和薑茶來了！」志工們一擁而上，趕緊將物資搬下，不論是基金會職工、慈濟教育志業體的老師或學生，還有年紀已七、八十歲的志工，用最快的速度將各式熱食、茶水安排得井然有序，並且一一親送給需

福康飯店提供大廳作為統帥飯店旅客
避災之用,志工們來回奔走搬送毛毯、
熱食,並重新規劃大廳動線,讓各項
物資一目了然。(攝影 / 廖文聰)

要的人，平日熙來攘往的旅店大廳，在轉變為臨時安置點後，因為熱食，而更顯溫暖。漸漸地，避災的旅客拉攏身上的環保毛毯，或坐或臥地逐漸睡去，在一夜的驚恐後，身上的溫暖、心裡的安定感，陪伴他們安心好眠。

早在福康飯店提供服務前，為了能找到即時調度物資、彙整訊息的前線據點，大家即分頭進行勘察，志工謝富裕和廖學勳查看統帥飯店周遭，而基金會劉效成副執行長、王運敬、呂學正和柳宗言等多位同仁，則在雲門翠堤大樓附近查看，另外，林碧玉副總也投入勘災。

太近的地方，會遭到警察人員的驅散；太遠的地方，又不能獲知災區最新的情況……據點的挑選，是一項學問。在巷弄穿梭一陣之後，王運敬突然問身旁的彭勳君：「彭師兄，你家住哪裡？」「就在轉角。」「那麼先到你家裡去看看。」彭勳君說：「okay 啊！好。」彭家的車庫即是寬敞的空間，雖在巷弄裡，但畢竟離災區不遠。「好！就是這裡。」王運敬確認了慈濟前線臨時據點的位置，緊接著慈發處社工和志工沈雪梅、王齡慶紛紛開始就地坐鎮，簡單的桌椅、筆記型電腦，就此開始物資調度與訊息轉發布達的工作。

隨著天光漸亮，慈濟的服務據點也一一成立，爾後，隨著安置的需要，至多時，慈濟於花蓮市共設置七個據點，即時地為受災者提供關懷。

為了就近服務救難人員、彙整災區資訊，慈濟在雲門翠堤大樓附近的志工自宅設置服務中心，作為物資與人員調度的中繼站。（攝影／林蔚綺）

紅色九號 生死拔河一瞬間

再將時間拉回到 6 日的深夜時分，突襲的強震，造成天搖地動、人心惶惶，花蓮市的救護車陸續忙碌了起來，花蓮慈濟醫院也立即進入戒備狀態；零點十分，啟動大量傷患機制，全院迅速動員，更多人是主動到院支援搶救生命……

「從未有過這麼大的地震，當時還不知道有房子倒塌，但預期會有很多病人進來，所以趕快啟動大量傷患的程序。」整起應變事件，非常有警覺性，最忙碌的就是身為總指揮的林欣榮院長，在很短的時間到達，「因為我從宿舍到急診室，一路看醫院的外觀、靜思堂的外觀、到急診室約七、八分鐘時間，我到的時候，急診室已經動起來了，臨時指揮官、標示、場所（分區）都已經動員了。當然院內同仁也都已經到了。」

院長指揮 醫護紛紛投入

「地震發生當下，我們立刻動員，先檢查目前在急診現有的病人、設備、環境、硬體等，有沒有受損或災害。再由院長指揮，成立緊急應變中心，啟動大量傷患的機制。在大量傷患的機制運作下，將傷患分成四級，進行最快的

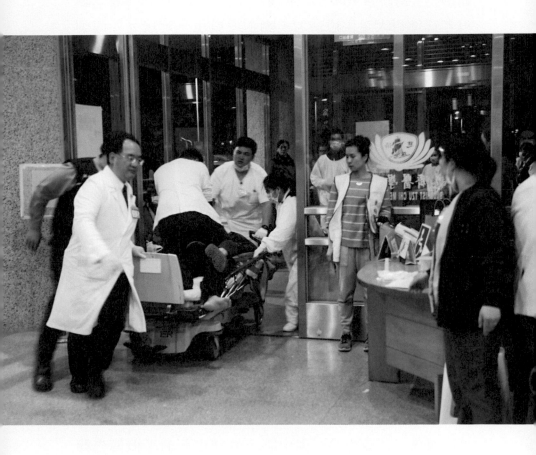

「讓路！讓路！」為了把握搶救時機，實習醫師跳上病床立即為傷患進行 CPR。大量傷患湧入花蓮慈濟醫院，醫護動員待命，隨時投入搶救生命的行列。（攝影／陳安俞）

醫治。」當時當班的急診副護理長周英芳說，「其實急診每年都進行大量傷患演習，團隊成員也一定接受外傷訓練，都做好準備，所以最後（啟動急救作業）也很圓滿。」

　　急診室護理師張雅雯在 2 月 6 日當天上小夜班，正要下班時遇到地震，直接留守。她說，「其實沒有想太多，當下就是趕緊投入急救。」一路忙到凌晨兩點半告一段落，才有空清點傷患人數；清點之下發現，整個診間已經醫治了一百多個病人。

　　張雅雯微笑著說，「這本來就是責任，但也發現自己滿厲害的，能在那麼短的時間幫忙把這些傷患都處理好。當時急診間擠滿了人，由於傷勢輕重不一，因此趕緊將輕傷、急救做區隔，接著開始分配護理人員照顧病人，希望每一個病人至少都能配到一個護理師，畢竟發生強震被送到醫院，當下一定會很無助，有護理人員照顧，心情會比較平復。」她也提醒病人一定要留在原處，因為擔心走動找不到人，反而耽誤救治時間。張雅雯也不忘感謝醫院志工，幫忙安撫不少病人的情緒。

　　深夜，花蓮慈院外傷中心王健興主任的手機傳來簡訊──00:13 急診紅色九號，他立刻換好制服下樓，從濟慈路往醫院的路上，發現大半夜的車子居然這麼多！

　　到了醫院後，王健興醫師看到許多同仁穿著便服往急診室移動，一抵達急診室，裡面人山人海，他找急診室現場指揮官報到，指揮官陳煌濱醫師說：「重傷區就交給你

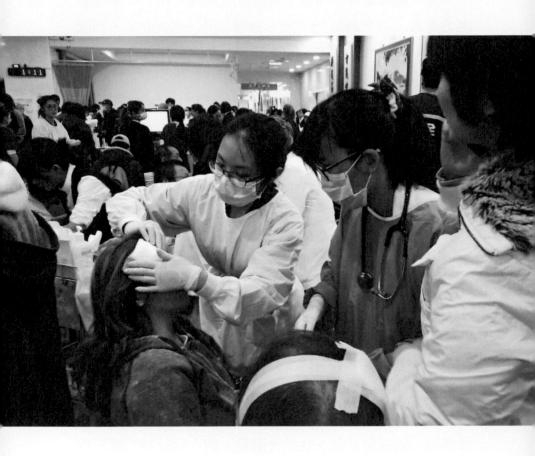

所幸鄉親多為輕傷，經過處理、包紮後即可返家。然而許多人因心有餘悸，情願待在慈濟醫院，也不願回去，透過護理人員和慈濟志工的安撫，才逐漸安下身心。（攝影／陳安俞）

了。」王健興走進重傷區，看到醫護人員正在 CPR 搶救重傷的患者，可惜最終仍不治。接著送來一位 OHCA（到院前死亡），經急救壓胸後救回來，送內科加護病房觀察。

生命如游絲 搶救分秒間

不一會兒，重傷區再度滿床，「為了準備接下來萬一有重傷患到，我們盡量清出空間，快速讓病人轉出急診治療，有一、兩床空下來了，然後我就在重傷區門口等，往外看看還有什麼事。不久就聽到有人在叫，看到有兩個人衝進來拉床出去……」王健興直覺應該有點狀況，雖然心想並沒有聽到救護車的聲音，應該不會很嚴重，但還是跟出去急診室門口。

一看怎麼是轎車，兩個實習醫學生火速固定好推車，費力地把病人「拉」出來，表示病人已無法自主行動，王健興當下知道病況嚴重，接著實習醫學生跳上床立刻 CPR，王健興趕緊一邊喊人讓路，一邊飛快地將推床拉進重傷區。這時是半夜一點多快兩點，病人到院時已瞳孔放大，經過急救，可惜仍是不治。「除了這三位 OHCA 病人，另有三位進刀房，也是隔天就出院了。」

凌晨兩點二十七分，慈濟醫院解除大量傷患機制，一百三十七分鐘內，醫護團隊共治療超過百位受災病人。稍微鬆了一口氣後的王健興仍到輕傷區、中傷區看一看，

約三點多返家，同日上午七點半，再到醫院開科會議，接續著還有「外傷中心值班（trauma call）」和手術，一直忙到8日下午五點多，正要回家時，巧遇麻醉科蘇逸愷醫師，「王醫師，外面下雨喔！」拿著雨傘的他，問候王建興家中是否安好，王健興其實也不太確定，只是出門前家裡沒有什麼東西傾倒，慶幸一切平安。從外地來的蘇醫師被地震嚇到不敢回宿舍，選擇在全球志工寮房安身，另有多位護士則在值班室過夜。

後勤全力支援

全院動員急救，後勤的支援也非常重要。總務室沈芳吉主任說：「（地震後）供水供電的運作正常非常必要，所以我們的工務、醫工在這時就立即出動維護。當然，當下（急診）床也不夠，我們準備擔架；寒冷的天氣，被服也是不可或缺，這些都是我們在短時間內可以立即準備好的。」沈主任又說：「在這樣紛亂的情形下，維持車輛的出入和人員的進出，警勤也占很重要的功能。」

其實，除了總務，花蓮慈濟醫院全院動員，在不眠的夜裡，為鄉親療癒身體不適外，也幫助安定心緒，一如陳宗鷹副院長事後所分享，當夜各病房醫護人員不顧自己的恐懼，安撫被驚醒的病患與家屬，「以病人優先」的精神，令人感動！

災區見證者 分秒傳大愛

「不要緊張，你現在就是要將現場的狀況說清楚，大家都等在電視機前，要透過你了解花蓮發生了什麼事？」時間在倒數著，人在雲門翠堤現場的大愛電視臺東部新聞中心記者謝昀珊，即將進行人生第一次的 SNG 連線，攝影記者劉泓志的一番話，安定了她緊張的心。

謝昀珊畢業於慈濟大學，在大愛臺東部新聞中心工作才不過半年，就遇到這樣的大新聞，好在搭檔劉泓志已有二十多年的實務經驗，而這次地震讓她一夜成長。「不要緊張，要用平穩的語氣說話，清楚地表達每個訊息，不要製造慌亂，讓人不安！」謝昀珊在心中給自己打氣，她看向與她同在現場的慈濟人，「對！就像其他慈濟人一樣，當大家都遠離災區時，記者就是要堅守新聞現場的崗位，讓大家知道第一手的消息。」

全員就位 互相補位

「從地震後的那一刻起，當晚沒有人休息……」地方中心副理林大欽的這句話是所有救災人的心聲，更是東部新聞中心所有同仁的心聲。大地震造成東部新聞中心的布景片、影印機……等物品散落一地。地震過後，同仁們無

大愛臺東部新聞中心記者鄧明怡
（左）、楊婕庭發揮在地記者熟悉人脈
環境的優勢，深入災區進行採訪，將
第一手的救災進度無秒差地傳送回臺
北大愛臺。（攝影／陳光華）

須電話通知，就主動地趕到位在花蓮靜思堂的新聞中心，無論平日是做後製剪輯或音控、燈光，這一刻，每個人都投入新聞前線的採訪工作，隨著災況愈來愈明朗，需要的人力就愈來愈多……

「花蓮大橋橋面龜裂、七星潭大橋橋墩受損……」line群裡的訊息不斷跳出，拿起腳架，平日承擔剪接工作的田智中，充當起攝影記者練志龍的助理，兩人一組，立即前往花蓮大橋，拍攝完畢又趕到七星潭。昏暗燈光下，破碎的路面令人驚訝大地震的威力，而獨守在橋邊的警察，在深夜裡堅守崗位，守護用路人的安全。拍攝告一段落，田智中看看手機，「凌晨兩點，還能拍些什麼？」轉眼工夫，他們倆就想到新目標——此時一定會在災區的慈濟人。

「劉效成副執行長、王運敬師兄就在那裡，他們正在討論薑茶和毛毯的運送。」田智中和練志龍討論著拍攝的內容，攝影機裡不斷往後推移的紀錄秒數，將分秒化作永恆。回想起當時，田智中因親眼見證每一景與每一人的付出而久久難以忘懷，感動之情讓他忍不住哽咽，「我要感恩我的組員，他們願意這樣地投入。還有第一時間，很多救難人員和慈濟職工、志工，他們都放下自己（所需），前往災區，因為他們才能讓民眾安心！」

回到地方中心，原本被震得七零八落的辦公環境，已經恢復原有的模樣。隨著父母前來大愛臺「上崗」與避災

的同仁子女，十幾歲的孩子帶著七、八歲的弟弟妹妹，主動收拾環境，扶正凌亂的書架、清理倒塌的花盆，還做了一番打掃工作。懂事貼心的孩子，將中心當成自己的家，讓在外奔波新聞的爸媽感到貼心。

大地震動有聲 大愛潤物無聲

「我相信那一夜大家都醒著，不只是花蓮，我想全臺灣都醒著，因為大家都心繫在現場……」3月1日的慈濟人文志業策進會上，新聞部陳竹琪經理透過十五秒的影片，回顧一名當時已受困四小時的孩子，終於被搶救出的實況，而同一畫面，也在大愛新聞的臉書上直播，不僅有十七萬人次同步關注，「東森新聞雲」、「文茜的世界週報」也紛紛轉發。陳竹琪說，從那晚起，大愛新聞便守在現場，以直接、重點、尊重和安心作為報導的重點。

燈火通明的人文志業中心八樓，就是新聞部的所在之處，回顧2月7日凌晨，十六位新聞部的同仁不僅主動回到工作崗位上，接續著還有科技工程、燈光成音師、導播編導……等，也一一就位，就在凌晨兩點，大愛新聞啟動快報，向全球發聲，主播陳竹琪自己吹髮、化妝，不用多久時間，立即登場播報，「我們要給觀眾最需要的內容！」陳竹琪心中的篤定，是對新聞信念的堅持，也是對慈濟賑災精神的熟稔。

「再連線一次（林欣榮）院長！」忙碌的編輯檯正組織著來自災區的各類訊息，還要同步「敲」訪問。「院長，等等竹琪要和您電話訪問！」此起彼落的電話聲，時間不斷流逝，下一節快報又將到來，「給我最新數字、給我最新的搶救進度……」和時間拔河的編輯們，分秒都不能空過。不一會兒，救難隊的談話影片傳送了進來，「這則訊息，誰要做？」竹琪問。「我做、我做！」一個需求，馬上獲得回應。

　　然而，求快，還要有溫度！從慈善關懷到醫療緊急援助，大愛臺的視角深入人性的關懷面，就連在剪接機前的數位主編鄭雅筠，看著畫面都忍不住落淚，「我不想回家，我在這裡可以做更多！」

　　三秒鐘大愛繞全球，透過一則則「報真導正」的訊息，大愛臺安定每一顆急切想要知曉災區情況的心，也讓人人以虔誠的祝福，祝福災區民眾平安，為救難人員加油！

經過一夜的搶救，天終於亮了！和時間賽跑的救難人員不放棄任何機會，把握分秒，持續穿梭災區尋找失蹤者的身影，希望傳出更多的好消息。（攝影／蕭耀華）

第二章・志工相伴 有你真好

「那一分多鐘的搖晃，把所有電器震到飛起來，好像外太空的飄浮物；暗夜中，我的頭被電視機砸到，手一摸怎麼濕濕的，原來流血了！」住在雲門翠堤大樓的陳建香，第一時間並不知大樓已傾倒，漆黑中，他抓住唯一的發光體——手機，就往後陽臺逃；門被大型家具堵住，他不知哪來的蠻力，費力扳開空隙鑽出來！

他住在六樓，打開門卻離地面如此近，僅剩一層樓高；有四名救難人員抬來梯子，讓他往下爬，當雙腳著地，整個人癱軟了！「一點也不誇張，我像死豬一樣，被四個人抬離現場。」

六十六歲的陳建香描述，脫困後，他呆若木雞在路上行走，天空飄著雨，更顯淒冷，漫無目的走到天亮，清晨六點多，一位先生見他瑟縮著身子，為他披上毛毯，又有員警問他是否為受災戶，直至後來被送到中華國小安置。每遇友人來訪慰問，他就回答：「跟閻羅王打過架，我打贏了！」彷彿這樣說，就能為自己壯膽，也安一安心神。

順利逃離的民眾，茫茫不知何從，漸次來到中華國小體育館前，在低溫冷風中，靜候黎明的到來，此時靜思精舍師父送來了薑茶，志工也將毛毯、福慧床運抵現場，並

且為鄉親奉茶和發放毛毯，讓鄉親們感受到災後的暖意。志工們也將福慧床搬進禮堂，為鄉親們一一鋪展好，但仍然沒人敢進去，直到外面開始飄起雨來，大家才懷著忐忑不安的心情，走進禮堂，暫時安頓下來，於是中華國小便成為花蓮地震的收容中心之一。

在此同時，從統帥飯店裡逃出來的旅客，先在對面的福康大飯店大廳及周邊空地避難，後來即被送往花蓮縣立體育館的收容中心。靜思精舍師父亦同時送了薑茶、香積飯，以及自製的手工饅頭，溫暖大家的身心。慈濟志工也送來福慧床，一一為入住的旅客和鄉親鋪好床，讓他們得以暫時棲身，舒緩緊張的情緒。

除了政府開放的兩處收容中心，慈濟花蓮靜思堂後方的全球志工寮房，在收容慈濟大學留宿生及慈濟志業體員工宿舍的同仁及家眷之後，也同步開放給鄉親申請入住。

慈濟的動員以花蓮靜思精舍為中心，不分精舍師父、慈濟志業體職工、在地的花蓮志工或外地志工，甚至過年前來到花蓮的海外志工，大家都自發性地，或是透過組織的號召，隨著天色敞亮，一波又一波進駐到各收容中心和據點，開始投入各項服務。

患難中 見真情

　　凌晨夜裡，中華國小陸續湧入飽受驚嚇的居民和旅客，大家有如驚弓之鳥，不管天氣多冷，任憑志工如何勸說，始終沒人願意進入到禮堂裡面，志工們只好趕快在戶外排好桌椅，讓大家能夠休息。

　　國盛里是重災區雲門翠堤大樓的所在地，里長張芝瑜本身也是受災戶，當天她住的大樓傾倒時，第一時間她就滾下床，眼看著衣櫃、書櫥壓下來，幸運地，她並沒有受傷，但卻花了半個多小時，才從大樓脫困。之後她立即前往雲門翠堤大樓現場，當時救難工作已經展開，救護車及大型救難機具紛紛進駐，她受阻於封鎖線外幫不上忙，眼見四周都是跟她一樣從屋子裡逃出來的居民，大家身著薄衣湧上街頭，天寒地凍中瑟縮著脖子，漫無頭緒地不知道要往哪裡去。餘震不斷下，她想到中華國小是最近的空曠點，於是決定先去那邊了解狀況，看是否適合將人群引導到那裡避難。

　　「感謝再感謝！第一時間就是看到你們穿這套藍色的制服（慈濟藍天白雲志工服），大概在凌晨十二點半，密密麻麻地全部到中華國小……」張芝瑜說，平常她的朋友會說，慈濟只救國外沒救國內。但地震當天她第一時間脫困後，所看到的卻是慈濟志工早已在第一時間主動抵達中

靜思精舍師父為國盛里里長張芝瑜獻
上一份祝福禮，感恩她不辭辛勞為鄉
親的付出。（攝影／鄭啟聰）

華國小救災。

當她進到學校，映入眼簾的是一大群的慈濟志工，裡面有許多她熟識的鄰居，從年輕人到七、八十歲的長者都有，還有許多慈濟志工跟她一樣也是受災脫困而出，卻先放下自己家中的狀況，趕往災區付出。但由於志工們亦受限於封鎖線外，所以也跟著人潮輾轉來到中華國小，在這裡投入服務鄉親。

災後重逢 恍若隔世

「我一直在想，不知道妳好不好，我真的有福報，在這裡找到妳。」慈濟志工蘇芳玉已經高齡八十五，白髮蒼蒼仍駐守在中華國小服務鄉親。但是她心中始終記掛的是失聯的老朋友。

九十一歲的陳生美阿嬤從電信局退休，雖然需要外勞陪伴，仍然精神奕奕，看到老友蘇芳玉，兩人欣喜相擁，恍若隔世。

「地震那麼嚴重，我心裡始終掛念著，可是打電話去，家裡都沒有人接。我一直想我的老朋友現在怎麼樣了？沒想到能夠在這裡相遇。」蘇芳玉說。

地震那一夜，受到驚嚇的還有九十一歲的陳生美和外勞，他們從家中逃出後，只能流浪街頭，直到天亮，才輾轉來到中華國小安置。中華國小大禮堂無水可用，也無隱

白髮蒼蒼的蘇芳玉（左）沒想到竟能
在中華國小裡，遇見失聯的老朋友，
看著高齡九十一歲的陳生美，平安地
來到收容中心，兩人緊緊相擁，互道
平安。（攝影／陳麗雪）

私，但是陳生美看到一張張已經鋪好的福慧床，還有這麼多的各界志工以及善心人士前來協助，心裡充滿一分的感恩，覺得天地間總是充滿著善意。

類似的情誼也發生在慈濟志工李玉蓮和潘惠珠之間。在地震中，李玉蓮受到很大的驚嚇，因為住家的左邊是白金雙星大樓，右邊則對著雲門翠堤大樓，住家室內的東西全倒，一地的碎玻璃，電熱水器也傾倒，使得水流滿地，情急之中，她趕忙關緊水龍頭，挪開擋住大門的櫃子。

就在她忙碌的當下，平日與她一起投入關懷花蓮監獄的志工潘惠珠，一共打來三通電話，卻一直無人接聽，讓潘惠珠急得哭了，心底不斷地喊著：「快接！快接啊！」因為兩人長期合作的默契，早已建立如姊妹般的情誼。

終於李玉蓮接起了電話，潘惠珠急著問她：「妳那邊怎樣了？身體有沒有受傷呢？」李玉蓮簡單回覆狀況，潘惠珠這下才安心，「沒事就好，趕快帶著（攝影）器材出來幫忙！」

第一時間的慰問金

「我什麼都沒有帶出來，兩萬塊錢在屋裡，身上只有兩百塊，怎麼辦……」入住中華國小的鄉親徹夜難眠，紅著眼眶對著慈濟志工哭訴，志工為她圍上圍巾，安撫她的心情。

2月7日下午，在中華國小的鄉親才剛剛安頓好，慈濟志工就立刻展開重災區國盛里內雲門翠堤大樓及白金雙星兩棟大樓受災戶的慰問金發放。在里長張芝瑜造冊名單及安排協助下，志工在學校教室裡與受災戶會談，安撫他們的情緒，同時評估了解個別家庭狀況及受災情形，隨後立刻發放慰問金。

　　許多受災鄉親倉皇逃出時身無分文，拿到這筆可以應急的慰問金，內心都十分感動。一位陳姓受災戶說：「這（慰問金）對你們來說不是很多，但對現在的我們來講是很多，是很大、很大的愛，是你們給我們的溫暖。」

愛心湧入 人人有事做

　　花蓮地震後，政府成立的第二個收容中心是當地人通稱為「小巨蛋」的花蓮縣立體育館，地點位於美崙河邊，距離災區較遠。2 月 6 日深夜，許多不敢待在家中的鄉親，紛紛開車到小巨蛋的大停車場及周邊的路旁空曠處停車休息，還有一些住宿飯店的旅客也紛紛搭車前來避險。

　　然而，在餘震不斷下，雖然政府部門已宣布小巨蛋為正式收容中心，室內體育館也已經開放，但僅有少數人願意在這時候進入室內避難。慈濟志工徐玲玲等人先行抵達小巨蛋，協助鄉親入住登記服務，接著靜思精舍師父的熱薑茶、靜思堂的備災毛毯、福慧床等先後抵達，慈濟志工也愈來愈多，慢慢地，鄉親開始入住，形成另一處數百人聚居的收容中心。

深夜裡 熱鬧的 line 群組

　　「需要人力嗎？我可以。」「我就在小巨蛋旁邊，需要支援嗎？」地震後的深夜，小巨蛋所在地的慈濟志工 line 群組熱鬧異常，大家都在問，什麼時候要出去投入？

　　軍官退伍的范疇負責調度當區志工人力，「請大家去睡覺！」他要大家先安下心來，范疇評估，在情況不明時，

入住小巨蛋的鄉親，躺在加高的福慧
床上休息，這一分來自慈濟志工的貼
心，讓鄉親們得以避開睡地板的寒氣。
（攝影／羅明道）

所有的人都貿然出去，不一定做得了事情，反倒是天亮以後，需要志工長期輪班，不如先把精神體力養好，後面長時間的「作戰」，才有充裕的人力。

很快地，在了解可投入服務後，范壘就規劃出志工的排班表，小巨蛋志工依志工輪值的方式安排人力，但是常常有超出需求量的志工前來，「這該如何是好？人多卻不一定有事做……」范壘思忖著，於是他將班距時間縮短，每日排出更多梯次，讓志工都有機會投入，但也能保留一些時間照顧自己的家庭。

另外，初期小巨蛋只設有政府和慈濟的服務攤位，然而還有五個團體、一百五十名志工也希望投入，甚至到後來增加至十多個志工團體都想進入付出。志工團體各自發揮所長，而范壘也邀請他們和慈濟志工一起輪流打掃環境、協助資源回收，讓人人有事做，所有志工團體都打成一片，共享清爽的空間與獲得付出的歡喜。

互相協調 物資不浪費

「先生，我要捐礦泉水，電視新聞說，現在災民需要礦泉水。」電話這頭是來自臺中的一位女士打電話到慈濟防災協調中心，基金會同仁邱國氣感謝她的來電：「謝謝您，現在已經不缺礦泉水了，就在幾個小時前，我們看收容中心都還有好幾十箱喔！」

「那麼你們需要米吧！我看你們都在發便當，我可以捐米！」這位女士顯然不想放棄付出的機會。「我們已經有米了。」「那麼高麗菜哩，我可以去買高麗菜。」「我們可以就地採買，您不需要從臺中買了送來……」雖然難掩落寞，但在邱國氣說明之後，她也安下心了，受災鄉親的物資無虞，讓她原本糾結的心情，獲得寬慰。

臺灣愛心滿溢，地震發生後，各界善心人士和志工團體的大量賑災物資湧進收容中心，避免物資的浪費，務實的發放和物資提供，需要智慧與協調的能力。

例如，小巨蛋的安置對象大都是受驚嚇暫時居留的鄉親，並非受災民眾，因此賑災毛毯只是暫時的需要，鄉親退宿時慈濟志工可以回收，清洗後將來可以再利用。而在發現與軍方毛毯重複準備之際，志工立即協商以軍方毛毯發放為主，將剩餘的慈濟毛毯立即轉送到其他亟需的地方，發揮最大的效益。

而在熱食上，在收容中心發放素食便當的，有慈濟和一貫道兩個團體，慈濟志工在發現之後，雙方協商避免重複，小巨蛋這邊改為兩邊輪流隔日供餐，如此還可彼此變化菜色；中華國小部分，則以一貫道為主，慈濟志工轉為協助的角色，提供環保碗筷供鄉親循環使用，共同推動環保，減少紙盒的浪費。而在每日下午五點的協調會上，公部門、公益社福團體也會一起坐下來，討論分工，務求讓每個付出都能做到位，讓鄉親早日恢復正常的生活。

千人起居 環境大考驗

　　當大量鄉親入住收容中心之後，團體生活的種種民生問題開始浮現。特別是在最初之時，如何讓災民安下心來，需要的是一分真誠的態度。

我可以為你鋪床嗎？

　　7 日清晨五點，天還未亮，來自外地的旅客大多被安置在花蓮縣立體育館，有的一家五口老老少少，老人家鋪著外套席地而睡，小娃兒則窩在媽媽懷中，即便睡著，卻也皺著眉頭。

　　慈濟志工劉文益和幾位師兄收到訊息——「小巨蛋需要鋪床！」於是就來了，但是有的人已經睡在地上，有的人則是滑著手機，更有的人正吃著慈濟提供的熱食，避災的人三三兩兩、處處成群……要怎麼「鋪」？又從何開始做起？

　　「觀察，有形的部分……」劉文益開始和幾位還醒著的外地旅客互動一下，特別是自己的太太比較溫柔，請她用柔軟的語氣和他們交流。「我覺得他們很客氣，其實很冷，但是又不敢講，於是我們就主動，讓我家師姊去關心他們，就開始問，『我們給你們鋪床好不好？』」帶著孩

最熱鬧的資源回收站，是許多志工團
體及善心人士聚集的地方，大家在這
裡一起推動環保觀念，並維護環境的
安全與衛生。（攝影／許露文）

子的先生說話了：「會很麻煩嗎？」「不會，我們鋪一個床只要五分鐘，你們一家三個人，我給你們兩張床。」先生又說：「這很麻煩？」劉文益不放棄：「不會，絕對不會，五分鐘內一定鋪好。」「小孩子還在睡呢！」「那我們就連毯子把他抬上來。」

經過來回的溝通，終於這位先生說了：「好吧！鋪吧！」於是幾位慈誠志工立即開始輕手輕腳、動作俐落地，展開藍色為床面、白色為床架的福慧床。

開始在鋪的時候，有人就慢慢醒過來，醒過來看志工鋪床，有的是花蓮人，知道有福慧床，有的人還很陌生。一位女士好奇地問：「這是你們慈濟做的嗎？」「對，證嚴上人慈悲，因為有災難，所以才設計這個福慧床，像現在國際災難這麼多，就是要讓災民睡得安穩。」

觀看的人愈來愈多，於是福慧床也就一床床地在偌大的體育館鋪展開來，「這位師兄，還是很冷！」「沒關係，我們有毛毯！」志工們再一一送上毛毯。逐漸地，天亮了，小娃兒安穩地睡著，大人們此起彼落的打呼聲是此時最美的聲音。

走！清廁所去

有別於體育館的自來水供應無虞，中華國小安置點的考驗就更大了。在中華國小不僅入住鄉親分散於禮堂、戶

慈濟志工用心、賣力地刷洗著流動廁
所的每一處，不嫌惡臭髒亂，只想讓
廁所保持乾淨，希望留給每一位使用
者方便如廁的好心情。（攝影／陳李
少民）

外帳篷區、教室帳篷區等三處，而且學校位於市中心，人口多，又緊鄰重災區，即使不是入住的鄉親，也會進來取用資源；地震之後，突然間湧入上千人依賴這裡生活，不論是飲食起居、環境衛生、垃圾廚餘、生活用水等，都立刻面臨考驗。

地震後中華國小及災區附近全面停水，2月7日上午開始，學校的廁所就因為停水而塞爆不堪使用，慈濟基金會同仁黃玉琪隨即向花蓮市公所反映。隔天市公所運來十座流動廁所應急，但因為缺乏水源挹注及市政府清潔人員不足，很快地又不堪使用。

近千人的如廁大事，成了眾人「能忍則忍」的苦惱事。黃玉琪再請市公所派出水車補充，9日開始由慈濟志工協助清理。當天下午，從臺北坐火車前來支援的人力抵達，四十位北區慈濟志工被分派到中華國小，他們一到現場，立刻發現流動廁所因為缺水，實在又髒又臭，於是大家有志一同，不畏惡臭，立刻找來刷子清理，不只用水沖刷，還拿拖把將地板整個擦得乾乾淨淨，再將購入的一百個水桶裝好水，在每個廁所外面多放幾桶讓鄉親有水可使用。

從此之後，志工只要每兩小時清掃一次，就可以讓廁所維持得乾乾淨淨，終於解決了近千人的如廁大事。

在解決如廁問題的同時，地震後第三天，中華國小入住的孩童裡，有人開始出現皮膚過敏的現象。擔心疫情擴散，花蓮縣衛生局看到慈濟志工環保回收的成效，於是

從 9 日開始委託慈濟志工每日為收容中心全面大消毒和清掃兩次。慈濟志工由縣政府衛生局人員教導正確的清毒方法，初期重點地方加強每兩小時消毒一次，一起為收容中心的防疫工作努力。同時，慈濟基金會同仁黃玉琪也跟政府人員協調，在戶外設立用餐區，讓飲食與住宿區隔，環境衛生更加分。

　　正巧 8 日開始，為避免太多外界團體打擾入住鄉親，政府單位開始嚴格限制外界進入接觸鄉親，慈濟志工正好藉打掃的機會，得以進去關懷鄉親。

打掃兼關懷

　　一位軍官退休的鄉親告訴志工，他住在雲門翠堤大樓，地震時受到驚嚇，只穿著薄薄的衣物就立刻跑出來，當慈濟志工為他披上毯子時，他馬上就感受到溫暖；靜思精舍送薏仁漿來，他熱熱地喝下去，就禁不住哭了。他說，他是花蓮在地人，過去從來沒有感覺到慈濟為花蓮做過什麼，但這一次讓他徹底了解，原來他誤解了，慈濟做了這麼多，而且在全世界都做，不只是為花蓮鄉親付出而已。

　　原本這位軍官退休後，準備要遊山玩水，歷經這次無常，慈濟志工順勢邀約他未來一起投入當志工。

　　「好！」退休軍官爽朗地笑著答應。

綠色賑災「手」護地球

7日一早，花蓮志工鄭怡慧突然接到一通來自組長莊月娟師姊的電話：「怡慧師姊，妳這次在災區做環保回收的窗口，好嗎？」鄭怡慧即便已經卸下環保幹事一職，但她以投入環保二十多年的經驗，再加上大災現前，毫不考慮地說：「好！不過……」「怎麼樣？」「也要找個助手給我吧！」莊月娟說：「就阿甯（姚陳甯）啊！」於是鄭怡慧、姚陳甯和另外三、四位志工，就組成了中華國小收容中心前環保站的駐點服務志工團隊，而他們共同的特色──都是年過七十歲以上的長者！

物資不浪費 垃圾也有序

災區裡的回收物，什麼最多？「寶特瓶最多，因為救難人員需要喝水。再來是飯包，飯包裡的食物都吃一半，廚餘桶一個鐘頭、兩個鐘頭就滿了。」鄭怡慧很快地就觀察到災區的特色。雖然吃與喝都是生活必要，但志工也從各方面努力宣導，避免造成災區的二次災害──垃圾過多。「看到這麼多廚餘，很多人就說：『已遇到災害了，還不知惜福。』我就會跟他們說：『這不是災害的關係，是人心驚惶，吃不下。』」除了體諒災民，慈濟的香積組

也努力變換菜色，偶有炒米粉、羹飯，或是用打菜取代飯盒，並且準確地統計人數，以避免餐食過剩。

　　為了要讓回收更有效率，一方面配合災區的作息特色——二十四小時無休，另一方面，志工們有習慣的作息，於是平日就早起的姚陳甯，從早上三、四點就開始做環保，午休的時候，再由鄭怡慧換手承擔。人力的協調、適時的分類，讓慈濟環保站不囤過多資源回收物，只要花蓮市府回收車或慈濟回收車一到，就能將物資送走。

　　然而，到了第二天阿甯就漸有疲態，「師姊，我做得腰都挺不直了……」鄭怡慧發現不對，應該要教鄉親自己動手，才能藉機推廣環保理念，落實在大家的生活中。於是，志工開始改成站在一旁，陪伴教導鄉親自行分類回收。

善巧引導 人人一起做環保

　　「你們好棒！餐盒裡還有沒吃完的飯菜要倒廚餘桶，垃圾減量愛地球，回家後也要繼續做喲！」志工讚美聲此起彼落，大家都很歡喜配合，成效愈來愈好，許多鄉親都說他們回家還要持續做環保！

　　一位男士鄉親，每天都來當志工，有一天，他忍不住對慈濟志工說：「我觀察妳們很久，慈濟真的了不起，這環境如果沒有慈濟人，肯定是亂七八糟；妳們都專做人家不做的事，妳們的師父是怎麼教的呢？」志工們告訴他：

「上人教我們『對的事情，做就對了！』」他反反覆覆地重複這句話，他說：「這是八字箴言，我要記住！」

　　七十一歲的鄭先生跑過來問鄭怡慧：「碎玻璃，可以收嗎？」「玻璃沒收喔！」老先生難掩失望的表情，鄭怡慧不忍心接著問他：「您怎麼載來的？」他說：「用箱子裝，綁得很牢固，絕對不會掉出來。」她心裡想，市公所垃圾車應該會收，就跟他說：「有幾箱？我找人幫您抬進來。」他說：「三箱，不用，我自己來。」

　　搬好玻璃，他問鄭怡慧：「要錢嗎？」鄭怡慧困惑地回應他：「玻璃不能賣錢。」「不是啦！是要捐錢。」鄭怡慧原以為他要賣錢，原來是要捐錢，老先生還玩笑地說：「三箱，三萬元。」當場拿出厚厚一疊鈔票，鄭怡慧嚇了一跳，趕緊留下老先生的資料，好將收據補送過去。

　　事後回想，鄭怡慧告訴自己，如果沒有那一念不忍心，幫忙收下玻璃，也許這一椿好事就沒了。

從監督到幫忙 視環保為己責

　　在花蓮縣立體育館的收容中心，幾個橘色的大桶子格外引人注目，一個裡頭放了寶特瓶，一個則是紙板……不一會兒，兩個桶裡的東西，就都是垃圾了。慈濟志工見狀，拉起了布條，各式的標示文宣，三兩下，桶子裡的東西又從龍蛇雜處般的混亂，漸漸地有序，再加上志工在旁「站

崗」，教導鄉親如何分類，讓這臨時設置的環保站沒有一絲異味。

　　8 日的晚上，慈濟志工即將完成一日的服務，離開體育館，「你們要走了嗎？」一位中年的先生問，他的床位就在環保站不遠處，志工范疇回應：「是的，有什麼需要嗎？」「我晚上來幫你們看環保站！」先生率直地說，他說今晚他不睡了，反正也睡不著，晚上「指導」大家分類的工作就交給他，「那麼……要怎麼分類……」「我已經在旁邊『監督』你們，看了兩天了，現在換我來做做看！」范疇除了表達感恩，更感覺到教育的重要，環保站不是只有設備的擺設、文宣看板的放置，還需要人與人之間的互動與教育，才能做到人人環保。

　　在體育館的環保站不僅來自各地的十八個社福團體、三百多位志工的認同，也讓鄉親在避災的同時，理解資源回收的重要。

大家的哆啦 A 夢

　　鄉親和救難人員有什麼需要，慈濟志工就會設法滿足大家的需求；因此慈濟志工進駐中華國小收容中心沒多久，很快就獲得了「哆啦 A 夢」的暱稱。

　　在中華國小大禮堂，入住鄉親常被現場的噪音和周邊鄰居的打呼聲吵得睡不著，無法安靜地休息，於是向駐站的社工人員提出耳塞的需求，駐站社工人員轉而詢問慈濟志工是否可以協助提供耳塞讓鄉親安心入眠，沒想到一、兩個鐘頭後，大批的耳塞立刻就出現了，讓在場的社工人員禁不住讚歎慈濟志工像是日本知名的卡通人物「哆啦 A 夢」一樣，凡事有求必應，因此慈濟志工的「哆啦 A 夢」稱號就此傳開了。

　　其實，不只耳塞的事，其他像當地停水了大家要吃藥幫忙找水；嬰兒肚子餓了需要白開水泡奶粉；救難人員救災要禦寒衣物、特製巧克力、維他命；收容中心的茶水、咖啡、熱食、毛毯、福慧床等日常生活用品的供應，在大家正手忙腳亂的時刻，這些需求卻都一一在最短時間內被志工們圓滿地解決了。

　　由此可見，慈濟志工之所以會被形容成好像擁有四度空間口袋、可以拿出千奇百怪神奇道具的卡通人物「哆啦 A 夢」一樣，也就不足為奇了。

在收容中心，慈濟志工以同理心了解
鄉親真正的需求，貼心地為他們張羅
所需要的東西，因而獲得了「哆啦A
夢志工」的稱號。（攝影／羅明道）

讓我抱抱你

　　慈濟志工游彩霞在關懷一位正在倒垃圾的太太時，輕拍她的肩膀，發現她穿得實在很單薄，詢問之下原來是慌忙逃出，來不及多添衣服，聽著這位太太的敘述，游彩霞心中非常不捨：「我可以抱抱妳嗎？」這位太太慌張地說：「不好啦！我很臭，五天沒洗澡了。」游彩霞說：「沒關係。」往前抱住安撫她，於是這位太太忍不住趴在游彩霞的肩上哭了，游彩霞的眼眶也紅了。

　　游彩霞告訴這位太太，軍方每天晚上六到八點都會燒熱水讓大家洗澡，這位太太無奈回答：「雖然可以洗澡了，但我沒有衣服可以換。」游彩霞便幫她去物資中心要衛生衣，還設法找到一些衣服，讓她和她的兒子，不但可以好好去洗個澡，更可以換一身乾淨、溫暖的衣服。

　　當天下午五點多，游彩霞又看到一位大約六十多歲的婦人，帶著一位小妹妹來到中華國小，在關懷時得知，她家住在雲門翠堤大樓旁，房屋雖然沒有損傷，但不曉得大樓何時會倒，而且傾斜的大樓中還有往生者尚未挖掘出來，他們全家不敢回家，只好住到妹妹家。

靠著善心人士的捐贈，僅僅五天的時間裡，這箱惜福衣不但延續出更多箱的愛心，同時也讓惜福物資的種類增多了！（圖片提供／慈濟基金會）

這位太太帶著小妹妹來要兩個便當，游彩霞關心地問她：「兩個便當夠嗎？」她很客氣地說：「如果方便的話，可以給我四個嗎？我們可以分著吃。」游彩霞給了她四個便當後，順口又問：「家裡有幾個人？」她靦腆地說：「十個人。」這下游彩霞急了：「四個便當怎麼夠吃呢？我再去拿給妳。」這位太太一聽，眼眶都紅了，哽咽地直道謝。

然而，此時現場已無多餘的便當，只剩工作人員的晚餐，當下在場其他的三位慈濟志工異口同聲回應：「那就把我的便當給她吧！」因為自己餓肚子沒關係，鄉親要吃飽比較重要。

走上回家的路

三代同堂的志工蔡秀戀這次全家都投入志工行列，就讀慈濟大學附屬小學三年級的孫女范廷婕，有個甜美的小名「小玫瑰」，連日來小玫瑰在災區和收容中心「服務」鄉親，從花費力氣的搬運工作到柔性的搥背膚慰長者，小玫瑰的天真與熱情，深獲長輩們的喜愛。

隨著災況的穩定，鄉親也一一返家，這日，社福機構轉來一項任務，要送一對老夫妻回家，這小玫瑰可承擔不了。「一對老夫妻，阿嬤差不多八十幾歲，阿公大約九十歲，差不多可以做我的爸爸媽媽，要回家，但是已經忘了怎麼回去……」小玫瑰的阿嬤蔡秀戀在確認老人家的大樓

靠近哪兒之後，拉著老阿嬤的手，看顧著老阿公，三人就拎著簡單的行李，準備回家去。

其實，蔡秀戀的心中起初仍有些忐忑不安，老人家年紀這麼大，彼此也不熟識，但是憑著「我不送，誰送」的心情，毅然承擔陪伴返家的任務。

沿路上，三人聊天互動，緩緩而行，偶遇到鄉親，蔡秀戀也招呼著：「你們有沒有驚嚇到。」老阿公也說：「我住中華國小好幾天，我感覺非常地安心。」聽到老阿公安心，她也安下心，不怕了。一路護送這兩位老人家回到家後，蔡秀戀大大地擁抱兩位長者，「他們的年齡可以做我的爸爸、媽媽，但想到上人教導我們：『做志工要用媽媽心膚慰他們，給他那一分很溫馨的感覺。』我用媽媽心的感情疼惜他們，看到他們回到家，我也很高興！」

陪伴你身旁

地震後，許多人心中驚恐的陰影揮之不去，開始不自覺出現異常的言語和行為，慈濟志工主動關懷，發揮安撫陪伴的力量，讓鄉親找到舒緩情緒的出口。

傾聽驚惶的心聲

在收容中心，一位老先生一直問：「我的東西？我的證件呢？」他的女兒說：「爸爸，沒有關係，證件可以再申請。」可是過一分鐘，他又開始吵著要證件……

慈濟志工蔡石彬走近安撫：「阿伯，沒關係，您一生最重要的東西沒有不見，就是您的女兒，就在您的旁邊。您不要煩惱您的證件這些東西。」他聽一聽就稍微安定下來。

還有一位女士，讓人感覺到不太對勁，「你不知道啦！你不在現場，你不了解那個感覺啦！」跟她一對話，情緒馬上一籮筐倒出來，蔡石彬連忙問她：「到底怎麼了？」那位女士回答：「我很想要自殺！」蔡石彬嚇了一跳，趕緊說：「大姊，妳等我一下！」趕快把手邊的事情忙完，蔡石彬端了碗熱湯過來陪她，讓她慢慢吃，漸漸地緩和了她的情緒。

志工不是心理專家，只是用誠懇的心，在鄉親需要的時刻，陪伴在他們的身旁，聽他們訴訴苦，跟他們聊聊天，給他們一分支持的力量。

大人受驚嚇，小朋友的心也可能受了傷，然而，孩子們之間童心的陪伴，往往帶來意想不到的療癒效果。小學六年級的石絢宇帶著心愛的兔子來當小志工，大家好奇地圍繞著小動物，你一言，我一句，不知不覺移轉了注意力。

另一位小志工陳怡臻也拿出羽毛球來跟大家玩，精疲力盡之際，沒有人再回想到地震的恐懼。孩子們的笑聲迴盪在空曠的小巨蛋裡，大人的心也跟著寬鬆了起來……

烏克麗麗與吉他的對話

喜歡音樂的莎云拉比，拿出自己的吉他彈著，柔和的音樂輕輕散播感染著同一空間的人們，莎云拉比著實沒有想到在收容中心也能遇見知音。

看到莎云拉比拿出自己的吉他，慈濟志工彭小芬也立刻去拿了烏克麗麗與她相應，兩人以樂相會，透過音符彼此鼓勵，「大家一起努力，花蓮加油！」

某天下午將近兩點時，慈濟志工鍾素真注意到一個媽媽獨自拿著四個便當，「怎麼這麼晚才準備用餐呢？」鍾素真納悶著是什麼原因，於是主動幫她將便當拿到位子上，發覺旁邊除了有一位國小女生之外，還有兩位坐輪椅

的長者。

　　閒聊中，得知對方是一位社區居家看護，這兩位是她照顧的長者，鍾素真感受到對方滿懷愛心從事她的工作，於是小心翼翼地幫忙餵食長者，同時也讓她可以稍事休息，好好用餐。

慈濟志工 我記得你！

　　「看到你們慈濟人熱熱的飯，就知道肚子不會餓著。」行政院長賴清德 2 月 7 日來到花蓮勘察災情，看到慈濟志工在災區付出，特別上前致意。他回憶兩年前，擔任臺南市長時遇到大地震，在臺南災區也是看到慈濟志工這樣在付出。

　　地震後，蔡英文總統接連在花蓮勘災數天，2 月 8 日前往小巨蛋，與入住鄉親共進晚餐，當慈濟志工送上靜思精舍師父為鄉親製作的味噌蔬菜湯時，總統連喝了兩碗，直讚：「好喝！好喝！」總統感激慈濟為災民提供的熱食和毛毯，還有慈濟教育志業體師生為照顧入住鄉親孩童設立的陪讀中心，發揮安撫孩童災後心靈的功能。

慈濟志工鍾素真協助一位居家看護為長者餵食，小心翼翼地照顧老人家用餐，也讓這位居家看護得到片刻的休息。（攝影／羅明道）

最安心的住宿

　　慈濟全球志工寮房，是因應全球慈濟志工前來花蓮參與活動的住宿需求而興建的，擁有高強度的抗震設計，是地震時十分安全的避難所。

　　在 2 月 6 日晚間先收容了慈濟三所學校的寒假留宿學生，以及居住高樓受到地震驚嚇的志業體同仁家庭，7 日凌晨一點，慈濟基金會接到花蓮縣政府通知，希望協助疏散安置災民，於是慈濟全球志工寮房開始對外開放，三位慈濟基金會宗教處同仁進駐，總務處同仁也動員起來，和志工一同開始拆被套被單、清潔寮房，從房間的整理到入宿登記，不到兩小時，便有一、兩百人湧進全球志工寮房。

　　住宿在全球志工寮房的慈濟大學學生，也加入志工的行列，幫忙清洗碗盤、器具，並為隨時入住的鄉親裝被套。每天清晨低溫籠罩，天色微亮，志工已經從靜思精舍載來熱騰騰的早餐，有麵包、杏仁茶和可可粉，以及不同變化的午、晚餐餐點，隨時供應。

帶著感恩回家

　　慈濟志工及同仁在全球志工寮房二十四小時輪班，日夜陪伴，三餐的準備、心情的安撫、各種聯絡溝通到協助

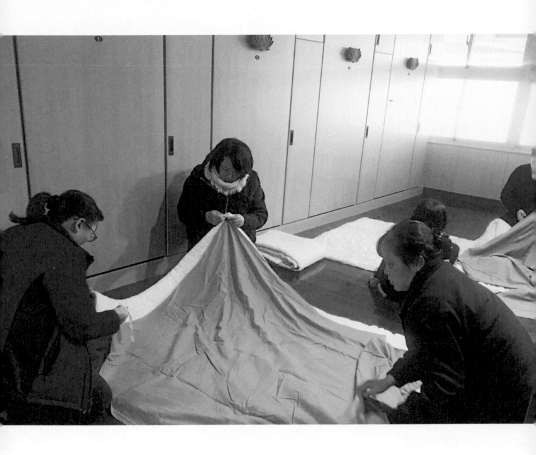

大件的被單在慈濟志工和鄉親互助合作下，兩三下就快速完成裝套，為入宿的鄉親提供溫暖舒適的睡眠環境。（圖片提供／慈濟大學）

辦理證件、租屋等等。從 2 月 7 日到 14 日撤場，總共有八百七十七人入住，包括一百四十八位鄉親、九名外籍旅客和五名來自外地的媒體記者。

還不敢回家或未找到租屋處，鄉親每天都會詢問值班的同仁，「我們可以住到什麼時候？」同仁們也感受到他們內心的不安。在全球志工寮房服務的慈濟人不僅要讓鄉親安身，更要時時安他們的心，而身為身心科實習醫學生的王天民，就以自身的所長在此設立安心小站，協助關懷外籍生，他也邀慈濟醫院護理師陳偉文加入服務鄉親，傾聽他們惶惶不安的心情，讓每顆心也有遮風蔽雨的地方。

雖然全球志工寮房吃住無虞，但這裡畢竟是應急之處，為了長久打算，工作人員也為房子全毀的家庭尋找安身久住的地方。

沉寂多日後，14 日全球志工寮房傳出令人欣慰的消息，一對因屋損入住的母子檔，找到安居的房子，這一日就要搬入新住屋，但因兒子在洗腎、身體微恙，慈青同學便協助他們搬運行李，並且護送行動不便的老婆婆到他們的新家。

另一位入住全球志工寮房幾個晚上的花蓮鄉親，在離開時遞給了宗教處同仁一封感恩信。

「獻給各位慈濟大德們：

這次因為天災的關係，讓我更認識了這個大家族。

還記得 0206 那天的驚恐，到現在依然歷歷在目，從小在花蓮長大，卻是第一次遇到這樣的情形。家裡到現在還是不敢去整理，曾經是我溫暖的避風港，到如今變成了陌生的地方。但比起很多人來說，我已經算是很幸運的，碰到很多貴人幫助，現在還能有棲身之所，我很感恩。

雖然很多東西都倒塌了，但人與人之間的聯繫不曾斷，如同上人所說，很感謝這次慈濟的幫助，不僅有師兄、師姊們貼心的噓寒問暖，還提供這麼溫暖舒適的空間，讓我們充滿了安全感。

或許創傷的回復仍有好長一段時間要去努力，但我知道花蓮不孤單，因為有這群背後在默默付出的志工大德們，還有很多很多感謝不完的人們。我的文筆不好，無法表達想感謝的一切。曾以為那天災離自己的家鄉很遠，但天有不測風雲，沒有什麼是絕對的，現在我只想珍惜所有。

最後再次感謝每一位慈濟大德，謝謝你們的付出還有包容，讓我深刻體會到這個社會的愛，以後我也要向你們無私的精神去學習，去幫助更多人，得到的啟發，讓我受用無窮。感恩自然！您們辛苦了！」

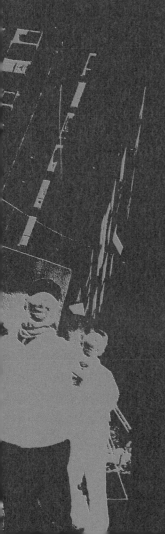

第二章・

愛從地湧　流向花蓮

2月7日凌晨零點三十分，雲門翠堤大樓外圍街道已經拉起黃色警戒線，被連連餘震驚嚇到不敢返家的花蓮民眾，三三兩兩地站在警戒線外交頭接耳，不時往傾倒的大樓張望——此時搜救行動已經展開，手電筒在樓體內忽明忽暗，直升機在空中盤旋所發出達達聲，被尖銳的救護車鳴笛穿過，人群自動讓開了路，讓車輛直奔醫院而去……

　　家住花蓮縣吉安鄉的國軍蔡哲文上士有EMT2（中級緊急救護技術員）證照，地震讓他的住家成了一片狼籍，他立即把一家五口帶到收容所安置後，就前往倒塌的雲門翠堤大樓支援醫療救援；他目睹到大樓傾倒的慘況，即便部隊體恤他家中受損，准許他返家善後，但蔡哲文仍堅守崗位，希望能多幫到一個人。

　　像蔡上士一樣的花蓮人，有警消、有公務員，也有一般民眾與志工，從第一時間就是不待指令地前往第一線奉獻所長，更有人捐款或是親自載著物資前來，他們的行動沒有經過立場算計，也不會權衡得失，全然是人飢己飢、人溺己溺的個人道德展現。這也映證了證嚴上人所常說：「臺灣無以為寶，以善以愛為寶。」

家住臺南的青年蔡旻翰和弟弟從新聞中看見樓塌畫面，腦中難以磨滅的是兩年前同一天，身歷其境的地震之苦。「知道受災鄉親的苦，所以很想幫助他們。」兩兄弟運用臉書號召年輕人一起集資送愛，共有二十多位朋友共襄盛舉，他們請假從臺南載著物資趕來，在慈濟志工的引導與幫助下，順利在災民臨時安置中心，把零食親手送給鄉親，讓他們覺得不枉此行。蔡旻翰說：「其實很多年輕人都很有愛心，只是不知道該怎麼做，也沒人帶動啟發；前年臺南地震時，也是透過朋友邀約才有機會去幫助人。」

　　長期以來，慈濟人從種種天災人禍中學習，深知人的行動確能帶動、啟發更多愛心；而慈濟從花蓮起步，所累積的五十二年慈善經驗，以及援助全球各種災難中所鍛鍊出防災、備災、救災能量，也在這場地震中，直接地援護了花蓮在地鄉親。

　　環保毛毯、福慧床、汽化爐、熱食、安置陪伴、安心家訪……慈濟人全面啟動，從身到心全方位陪伴，不只給予鄉親，也給予前來救災的國軍、消防、搜救隊。花蓮是慈濟的發源地，慈濟也是天下第一大家庭，非親非故，都是家人。

震災中的英雄

2018 年 1 月 12 日，花蓮縣特種搜救隊正式成軍，三十二位健兒通過內政部消防署驗證，足以在大型天災發生後，進入災難現場協助人命搜救。

在隊長接過花蓮縣長傅崐萁授旗的那一刻，並沒有人能預料到，在二十六天後將發生大地震，而他們將成為最關鍵的搶救先鋒。

那一晚，花蓮縣特搜隊在外縣市特搜隊伍尚未抵達之前，就率先進入傾倒的統帥飯店、雲門翠堤大樓現場，在陣陣餘震中搶救出七十名民眾；同時，剛正式通車不到兩天的蘇花改路段，原先僅限小型房車，凌晨兩點出發的宜蘭搜救大隊也獲得公路總局首開先例，讓救災的大型車輛得以通過。

萬事莫如救災急，從地震發生後，全臺共有三十二個公部門或民間救難團隊前來支援搜救，另有日本東京廳派遣七名技師前來。

夜以繼日的搜救工作，跨越了「黃金七十二小時」救援的界線，在地震受災現場的救難英雄們分秒必爭，與時間拔河，在他們的身後就是慈濟服務站，以及民間自發提供的各式資源，每一位救難人員的身心疲憊與壓力，都在此得以舒緩。

雲門翠堤大樓的倒塌現場，是本次地
震中傷亡最為嚴重的區域，也投入最
多人力、物力進行搜救。（攝影／黎
恆義）

為了救人請不要客氣

　　內政部消防署特種搜救隊隊長梁國偉帶了八十位弟兄，2月7日清晨從南投竹山前來花蓮救災，被分配到統帥飯店進行搜救工作。梁國偉隊長身經百戰，一下子就在附近找到慈濟開設的關懷據站，他前來請志工提供維他命，好維持弟兄們的搜救精力。師姊說：「沒問題，有需要請盡管說！」梁國偉笑著：「我不會客氣的，跟您們合作好幾次了，見到您們就安心了。」

　　2016年臺南地震期間，花蓮慈濟醫院中醫婦科吳欣潔主任與團隊前往支援義診，看到救難人員與志工熬夜搶救，為了提神而猛灌咖啡或提神飲料，卻產生心悸、疲倦等症狀，於是開始著手研發一系列的「即飲包」。

　　花蓮地震後，慈院中醫部團隊立刻動員，在缺乏飲用水的情況下，跑遍花蓮各賣場，購買足夠的飲用水，以煎煮「寬心養氣飲」，並在地震後二十四小時內緊急送達前線，吳欣潔醫師親自提著「寬心養氣飲」熱飲及即飲包來到雲門翠堤大樓現場，為救難團隊「打氣」。

這盞燈為您亮著

　　在國聯五路經營小火鍋店與民宿的花蓮縣民陳增祿，才從容易淹水的低窪地帶搬到現址不到一年，卻又碰上了

大地震，附近區域陷入停水窘境，原本該是大發寒流利市的火鍋生意，一瞬間全化為泡影。但陳增祿老闆的一門心思並沒有放在損失上，因為中國大陸罹難者家屬透過社群軟體微信，知道他的店面臨近傾倒的雲門翠堤大樓而來尋求協助，他義不容辭地成為家屬與花蓮縣府間的溝通橋梁，此事被新聞媒體報導而被眾人傳頌稱道。

而他更不為人知的，是把店面直接借給慈濟志工作為前進指揮所，連同之後志工開設「深夜食堂」，需要囤放大量的物資與器具，他也直接把民宿房間都提供出來，簡直就是有求必應。陳增祿道出緣由：「先前我的火鍋店在颱風天後被水淹，慈濟人來幫我清掃，現在我這麼做，只是盡本分。」

疲累、寒冷與飢餓，是搜救人員持續搜救需要克服的問題， 2 月 8 日晚上，氣溫攝氏十五度左右，此時搜救行動即將屆滿四十八小時，慈濟志工在路邊搭起帳篷，就地埋鍋，開設「深夜食堂」，奉上熱騰騰的湯麵，讓值夜的救難人員與記者能暖胃也暖心。

為了等待著不知何時會上門的「顧客」，深夜食堂需有慈濟志工排班輪值。這一晚，兩個隨著媽媽來幫忙的小志工累了，直接在前進指揮所中鋪開福慧床，但床只有一張，擠不進兩人嬌小的身軀，於是他們又拉來兩張椅子加在前後，就在克難中深深地沉入夢鄉，而五十公尺外的深夜食堂的燈還亮著，守候著搶救生命的救難英雄。

災難中不打地鋪

"これは何ですか？" 從日本前來支援搜救的地震技師，看著慈濟志工為救難人員鋪設好福慧床，上面還放著環保毛毯，他們研究了一會兒，臉上的表情彷彿在問：「這是什麼？」

這是慈濟多年賑災經驗的智慧結晶，設計在天災人禍中便於運搬、移動，讓救難人員或是災民得以在克難的環境下，免除席地而睡的窘迫，不僅讓生理能得到舒緩，對於心理支持層面也有很大幫助。此次花蓮地震，慈濟共提供七百七十四張福慧床，也是隱性的救災功臣。

臨近雲門翠堤大樓現場的天惠堂，成為救難隊員、警消、國軍的休憩點，除了提供福慧床讓救災人員休息，慈濟志工也設立服務站，熱情招呼大家用熱飲、水果及點心。

「長官，可以請弟兄用點心嗎？」慈濟志工看見年紀輕的國軍弟兄，就像看見自己的孩子，知道如果沒有長官的命令，年輕人絕不敢有所動作，所以就主動「請示」帶隊軍官。「可以！」得到了長官一聲令下，年輕人就不再客氣，嘴巴塞了一個麵包，手裡還拿了一個，笑得開懷。

在救難人員休憩點服務的慈濟志工，必須眼明手快，也要在親切與沉穩之間拿捏得宜，才能讓暫時下勤務的救難人員毋須再有額外的心理負擔，除了菩薩般的慈母心，也要具備觀察與行動的智慧。

地震後的第一時間，慈濟志工就為調
度物資展開大規模的動員，每每接到
第一線回報缺了什麼，立刻就想盡辦
法補上。（攝影／潘彥同）

物資動員 支援前線

　　救災視同作戰！花蓮地震當晚，國防部首度在凌晨三點由北部、中部與南部派遣運輸機，運載國軍工兵直飛花蓮支援救災。而古有云：「大軍未發，糧草先行。」則是說明了在分秒必爭、分寸不失的作戰中，後勤工作的良窳將直接決定成敗。

　　慈濟從 1969 年臺東大南村火災的援助中，首度針對受災戶進行大型發放，從此逐步累積賑災經驗。在直接、重點、尊重的原則下，慈濟每回賑災都首先考慮要確保災民的溫飽、居住環境的安全與舒適，以及心靈的安撫與膚慰，為了達成讓災民安身、安心的目標，慈濟聚合了各領域的專業志工，於 2004 年組成「國際慈濟人道援助會」，專責從事賑災相關研發工作，也逐步建立賑災物資倉儲。

凌晨快遞毛毯

　　2 月 7 日清晨兩點，慈濟基金會宗教處臺北會務同仁許美雀醒來，渾然不知花蓮災情的她如往常習慣打開手機檢視 line 群訊息，映入眼簾爆滿的災情訊息，讓她馬上就進入備戰狀態。她不假思索地與花蓮同仁通話，先了解現況，隨後確認臺北慈濟志工「已待命，隨時可動員」。

慈濟志工考慮到救難隊員輪值出勤耗
費相當大的體力，在徵求同意之下，
主動走訪各搜救隊，補充飲水、乾糧。
（攝影／陳李少民）

凌晨三點，許美雀接到第一項不可能的任務：由於寒流過境，加上花蓮開始降雨，慈濟環保毛毯不斷發送出去，導致庫存即將用罄；而臺北內湖倉儲有足夠的存量，卻需要搶時間送回花蓮。她沒有因此犯愁，因為另一位慈濟志工早已解決了最關鍵的輸送問題：火車——在訊息還不明確的時間點，安排物資通過蘇花公路輸送實有風險，也違反了慈濟長久以來的安全原則：絕不讓志工涉險。

前交通部長蔡堆在更早的時候被花蓮慈濟基金會同仁的電話吵醒，他是慈濟志工，也滿心掛懷「心靈故鄉」的災情，隨即發簡訊給臺鐵局局長及可能正在輪值的幹部，確認火車設施沒有災損且正常運作，決定援災用的毛毯、圍巾可以從松山車站上早班火車運到花蓮。

拂曉時分，心懸花蓮災情的臺北慈濟志工接到簡訊，就分頭趕到內湖搬運毛毯並裝箱，也有人不請自來，直奔車站等待清晨六點的班車，大家得一起協力搶時間，把毛毯、圍巾送上火車。慈濟志工林麗雲眼見火車短暫停靠的時間不夠，跑進車廂說明：「地震來得太突然……我們需要各位來幫忙。」馬上就有旅客下車加入接龍行列，貢獻一分力量。

當臺北急送而來的保暖毛毯、圍巾抵達花蓮火車站，靜思精舍師父、慈濟志工、慈濟基金會同仁、慈濟大學師生及花蓮火車站站務人員等，立即以人龍接力方式將物資從火車內搬出。這趟毛毯「快遞任務」，成功達陣。

鄰近雲門翠堤大樓的天惠堂是各救難隊、國軍的休憩據點,志工在提供服務之際須拿捏精準,讓救難人員能適切休息。(攝影/張福榮)

調度汽化爐、福慧床

　　為了讓收容安置的鄉親及救災人員能夠睡得安穩，2月7日慈濟陸續借出可以摺疊收納的福慧床、福慧桌、福慧椅，由於福慧床需求大，總指揮中心決定由宜蘭徵調備用的福慧床，二十多位宜蘭志工看見群組訊息，紛紛放下手邊工作，在十分鐘內集結於車站，搶著短暫時間把福慧床送上火車。由於一張福慧床約十四公斤，慈濟大學還特別邀約二十位學生在花蓮車站「接應」，讓一組組藍白相間的簡易臥床，紓解了災民與救難人員緊繃的災後壓力。

　　2月寒流中，慈濟汽化爐已是四年內第三度在重大急難事故的搜救現場熊熊燃起了。俗稱「火箭爐」的汽化爐具有體積小、便於攜帶與運輸的特色，爐身設計兼有充分利用熱能、不易產生燃煙與減少人力照顧等等優點，是慈濟基金會因應災區克難環境所研發的救災利器。

　　此次花蓮地震，慈濟總指揮中心馬上將花蓮的汽化爐送往第一線，再將臺南地震留存的四個汽化爐調送過來，幾名臺南志工主動報名「押送」，他們來到花蓮就不走了，要與「家人」共患難。

南臺灣來送糧

　　急難事故中，最緊急的就是「溫」、「飽」需求。高

雄知名的方師傅點心坊負責人方漢武也是慈濟志工，他在
7日清晨五點獲知地震訊息後，隨即聯繫花蓮靜思精舍，
詢問災區是否有乾糧的需求？精舍師父回覆，以方便運送
及具有飽足感麵包與吐司最為合適。

　　當下，方漢武把原本預定運送到各據點銷售的吐司全
部留下裝箱，並啟動旗下據點共七條生產線，使用麵粉將
近兩千公斤，製作一萬一千八百包口糧及各式麵包超過兩
千個，全數急送花蓮因應救災。

　　隨後，同樣是慈濟志工的主幼商場負責人潘機利打電
話給方漢武，決定邀約大林電子老闆林宇荊、皇裕建設公
司總經理王獻聰、名辰廣告公司董事長張志哲以及高鑫機
車黃琨明，六名志工自行開車前往各直營門市，趕著把各
據點出爐的麵包，第一時間載往中央工廠，由高雄慈濟志
工集合來協助包裝、運送。

　　除了麵包、乾糧從高雄支援，原本農曆春節都會到靜
思精舍幫忙的高雄香積志工團隊，其中前海霸王主廚呂清
潭及陳文芳、田麗珠、林家慶等四位志工在地震後相約提
早報到，搭飛機趕往花蓮，支援靜思精舍為災民烹煮熱食。

不請之師 「回家」做後盾

「明明知道，電視報導哪邊房子又斜了，可能陷在裡面有多少人，數字好多，可是又不能做什麼。」

6日深夜的地震，臺北有感，尤其慈濟志工余麗卿才剛營隊活動結束，從花蓮返回臺北不到幾個小時；她的心裡七上八下，和許多志工一樣是整夜揪著心，卻有種無計可施的擔憂。

天亮了，慈濟臺北分會也成立了區域的救災指揮中心，聚集了一群有救災經驗的志工，他們要迅速因應花蓮總指揮中心的調度，及時補位，並提供必要的物資與人力協助。

人群中，志工黃秋良有點坐不住，他跟其他人分享前一晚所做的夢：有人被壓著，希望有人能把壓著的東西搬走……夢到這裡，他就再也睡不著了。

「當大災難發生的時候，自己都做好心理準備，你可能隨時會接到需要去支援的訊息。」臺北慈濟志工林春金的一席話，說明了慈濟志工救災網絡如此綿密卻又動員快速的關鍵。

而慈濟基金會宗教處派駐在臺北的會務同仁許美雀說：「災難來臨時，我的第一個想法就是趕快給自己找任務，能夠盡一己之力，解決災民的苦。」

慈濟大學籃球隊教練邀約球員與海星
中學籃球隊隊員，一起到花蓮火車站
協助搬運由臺北送來的毛毯。（攝影／
李家萱）

需求人力 220 幾小時內完成報名

2月8日，北區慈誠隊大隊長黎逢時與合心團隊十二人，隨著「毛毯快遞任務列車」回到花蓮，確認物資全數送抵後，在當地志工的陪同下，前往災區各個服務據點探訪，除了為志工們加油打氣，也開始評估是否需要北區志工人力投入災區支援。

眼見隔兩天（2月10日）就是花蓮場次的「慈濟歲末祝福感恩祈福會」，為了舒緩人力的緊張，也讓不眠不休投入救災工作的花蓮志工可以稍微喘口氣，上人同意讓北區志工前來參與地震救援的後勤工作。

「先不要去設想不可能。」余麗卿指出，救災就是要把握最重要的時間，去做最重要的事。8日晚間收到訊息，確定人力支援的名額，北區聯絡網迅速鋪開訊息，訪視志工林春金隨即與廖進德分工進行邀約，每一個和氣推薦兩位具有深度關懷經驗的志工，造冊回報社工，兩百二十個名額在幾小時內就完成報名。隔天早上七點，志工們準時在臺北車站集合，上車前往花蓮；他們的出現，對連日救災的花蓮志工們就是一股最堅強的助力。

見證奇蹟 人人有票回花蓮

儘管大家的心裡都在擔憂，但經驗與理智仍清楚——

救災並不能憑著一腔熱血，缺乏訊息的評估規劃，以及沒有紀律的行動，將會使災難變得更加難以收拾。只是他們也不想只坐等調度，幾位志工持續與花蓮方面溝通了兩天，確認災區需要具有訪視經驗的志工協助。

「明天有兩百二十位菩薩要回花蓮，請協助買車票。」2月8日晚上，志工古德美接到這個指令，第一時間其實有點傻眼，因為憑她的經驗，平常一票難求的花東鐵路線，一下子臨時要這麼多票……儘管心裡覺得難度很高，她還是說：「OK！」

古德美先摒除太魯閣號、普悠瑪號等不販售站票的車次，再一一耐著性子從網路上訂票——奇蹟似地，她每一次按下鍵盤，票就跳出來，最後還比預訂的人數多訂到兩張；「我看著電腦螢幕，感動地含著淚水，菩薩要來，票早就先準備好了，就這麼剛剛好，真的太神奇了！」

當別人紛紛害怕地震而止住前往花蓮的腳步時，慈濟志工卻反向而行。

急中不亂 讓鄉親過好生活

遇事不難，覺得該做的事，充分溝通之後，做就對了。兩百多人同時湧入花蓮，究竟要怎麼分工？北區團隊抵達花蓮之後，隨即將大家分成三個大隊，每一大隊再分十小隊，配合防救災總指揮中心的調度安排，投入服務據點關

懷、逐戶安心家訪關懷、殯儀館助念與關懷、環保等功能。

　　領隊張益城和林春金負責中華國小安置中心勤務的分工，以及安排關懷受災鄉親服務。花蓮志工將收容中心的勤務交接給北區志工，舉凡協助用餐、財務、清掃廁所及安置中心的關懷等，林春金一一記錄下來，並思索著如何可以關懷到鄉親又不打擾到他們？

　　林春金將人員分配六位一小組，找適合的時間點與鄉親互動關懷；志工若有鄉親互動，就要記下床號，下一組不要再問重複的問題；受災鄉親後續生活若有困難，一定要寫詳細資料提報給社工。還有一組清掃公廁及室外環境整潔；一組整理資源回收，帶動安置在中華國小的兩百七十多位鄉親做好垃圾分類，日後可以落實在家庭生活中。

　　2月10、11日，靜思精舍師父帶領各志業體主管、同仁及北區、宜花東等地志工一起深入災區街道巷弄，投入安心家訪關懷，寸步以愛鋪路，讓受災鄉親感受到慈濟對花蓮的愛與關懷。

　　「不管你在哪個位置，其實它都是一個關懷，你都有機會做到關懷。這些鄉親在這裡幾天了，會不會想家呢？你去跟他聊天就是關懷。」林春金說，「當下大家都把心安住在定點上，團隊的力量、大家合和互協共識配合，才可以讓這個收容中心的定點環境、膚慰能做到位。」

經營連鎖麵包店的慈濟志工方漢武將
旗下據點的生產線,全數投入賑災麵
包的製作。(攝影/陳清寶)

在地動員 拉手向前

　　花蓮是慈濟的發源地，也是慈濟人的家。自從 1966
年靜思精舍矗立在新城鄉北加禮宛山山腳開始，慈濟的根
已經深扎在這裡。

　　當地震發生，花蓮人受災了，慈濟志工也受災了，
只是志工心裡的驚恐很快就被使命感所取代，因為他們知
道，當民眾看見藍天白雲的志工制服出現在災區，往往就
能帶來安定的力量。

　　當行政院長賴清德到花蓮災區巡視時，特別前來向慈
濟志工致意，賴院長提到兩年前的臺南地震中，也是慈濟
志工不離不棄，守護鄉親。

　　花蓮慈濟志工劉昭君說：「當組隊長說現場需要十位
志工時，我們在很短的時間就湊足了兩車人，趕到了統帥
現場。」在那一刻，她終於了解到慈濟的動員是這麼地迅
速，她很高興能穿上這套藍天白雲制服，並以身為慈濟志
工為榮。

　　其實，並非每一個投入現場的慈濟志工都會懂得如何
救災，但是在每一個救災角落卻都會有慈濟志工，儘管他
們可能只是洗碗、煮熱茶、送餐、搬物資，甚至只是對鄉
親擁抱、問候；然而他們所做的，也只是對「家人」做一
件該做的事。

不讓鄉親餓一餐

　　當八十六秒的地震停下了，花蓮慈濟志工香積組負責人蔡月桂的電話卻一直沒停過。當確認到花蓮有多棟建築倒塌，她思索著接下來可能會有一段時間，受災的鄉親、救難人員、媒體記者，乃至於志工都要用餐，數量如此之大，該如何張羅？

　　她打電話給為慈大附中供餐的妙膳廳負責人邱靖惠，邱靖惠也是慈濟志工，二話不說，一句「沒問題」就包辦了安置點及救難人員的午餐與晚餐便當；而早餐部分，由靜思精舍準備五穀粥、可可之類的熱飲，與此同時，蔡月桂也詢問花蓮市麥式多歐式麵包店，店家很樂意提供麵包來搭配。

　　在數以千計的用餐需求中，花蓮黎明教養院因為停水而面臨斷炊，他們第一個想到的就是找慈濟；由於院生中有多重障礙者，飲食得要軟嫩、易於入口，所以無法從大量製作的便當中提供。蔡月桂很感恩每一個單位都能無私幫忙，當她找上妙禪味素食餐廳，餐廳的廚師用心地圓滿這項特殊需求，沒讓任何一個人餓著。

　　除了供應熱食，蔡月桂找來志工郭德勝專門來負責供應救難人員與安置點的茶水。郭德勝幾乎都是早上四點鐘就到靜思堂，他說：「在天寒地凍的時候，那麼多的災民，那麼多的救難人員，可以讓他們安心，或是有力量去幫助

別人，這是我應該做的事。」

除了源源不絕地提供咖啡、熱茶、開水，郭德勝每天還要收不少「禮物」回來——鄉親們用餐完畢的空便當盒。由於慈濟強調環保，送出去的熱食便當並非用一次性的免洗餐具，而是耐熱可多次利用的環保餐盒；每當午餐與晚餐之後，就是青年學生與志業體同仁為主力的「洗碗大隊」上陣的時間。

由於餐盒得提前送到餐廳打便當，洗碗大隊就必須在一個小時內，洗完上千個餐盒，隨後還要用熱水燙過、擦乾，整個過程都是乒乒乓乓，宛如打仗一般；大家儘管疲累，卻有驚喜的收穫。

一天，一個洗乾淨的餐盒被送回來，裡面有張紙條寫著「今天是昨天的一個禮物」，另外還有「太好吃了」四個字。紙條沒有具名，卻給大家帶來了無比的鼓勵。

花蓮人一定要出來

慈濟委員編號 94 的鄧淑卿，1972 年就參與慈濟在花蓮市仁愛街的義診，從慈濟醫院退休之後，仍把助人當作理所當然的本分事，雖然已經七十多歲了，地震一發生，還是出來關懷災民。

她回憶說：「六十年前發生玉里大地震時，那時都是平房，大家都是搭帳篷睡在馬路邊；六十年後，花蓮又發

北區慈濟志工團隊二百人，前一晚收到通知將前往花蓮支援賑災，隨即因應任務需求完成編組，隔天一早出現在臺北火車站集合。（攝影／江昆璘）

生這麼大的地震，很多人都嚇到了，身為花蓮人，更應該陪伴災民走過傷痛。」

另一位花蓮慈濟志工吳玉鳳，她在那陣天搖地動中，自己怎麼跌倒的都不知道，當她接獲社區組長通知，搭車要趕往塌陷的統帥飯店，才發現怎麼臀部會痛，腳也在痛。

吳玉鳳來到統帥飯店停車場，已有附近的慈濟志工先趕到了。一對年輕夫妻焦急地張望著，「我爸爸還埋在底下。」志工不忍他們在十二度的低溫下徘徊，請他們先去室內等候，但夫妻倆放心不下，堅持不去；好在慈濟毛毯送來了，就為他們披上。

回到亂糟糟的家裡，吳玉鳳才發現整個腳跟早已紅腫，組長要她休息，別再參與隔天的關懷勤務，但吳玉鳳急著說：「不行啦！我要去，腳很痛沒關係，反正會好；災民的痛比我更痛！」

我是災民更是志工

家住白金雙星大樓旁的慈濟志工黃玲珍用「殘碎不堪」來形容她的住家，「房子在，但是我的東西全倒了，我看不到家的未來。」地震發生當時，她家的玻璃碎了一地，餘震不止，她站起來又跌倒，右手和腿都受傷，門被鐵櫃、櫥櫃、冰箱、飲水機擋住，最後她拉著電梯纜繩逃出大樓。

晚上又冷，又餘震不斷，黃玲珍在中華國小看到平常熟識的左鄰右舍都在這裡，大家都穿著薄薄的衣服，她強忍著淚水告訴自己：「要忍住，要堅強，他們驚慌的心才會安定下來。」她走到鄉親的面前，拍拍他們的肩膀，安慰說：「不怕不怕，都過去了，我們都在。」

　　後來，靜思精舍的師父來了，毛毯、福慧床也來了，從那一刻起，她直接加入志工行列發毛毯及熱食，她已不去想未來會如何，把握當下最重要。

人親土親 共好花蓮

「花蓮的土會黏人。」凡是從外地到花蓮定居下來的人，都有這樣的感受。儘管花蓮長期被稱為後山，交通建設不若西部一樣便捷，加上颱風多，地震也多，但是這裡的景色秀麗，人情味也令人嚮往。

隨著慈濟志業在花蓮生根、開展，不論是慈善、醫療、教育、人文各志業體系都聘用了大量的本地人，也有不少外縣市慈濟志工「移民」花蓮，也包括負笈前來就學的青年學子，這些男女老幼，不管先來後到，都以花蓮人自居。

那一晚，花蓮靜思堂的救災指揮中心成立，專線電話鈴聲不斷響起，慈濟基金會幾位年輕同仁充當接線生，最先幾通都是來自外縣市的慈濟志工，問的都是：「有沒有需要『回去』幫忙？」在心底深處，花蓮也是他們的家，故鄉受災了，怎能袖手旁觀？

地震後第一時間，不論是花蓮慈濟醫院在啟動大量傷患機制，或是慈濟教育志業各校帶動師生投入救災，都讓證嚴上人感覺欣慰，在 2 月 14 日志工早會上提及：「雖然建醫院、設學校，歷經難以言述的困難，但是花蓮真的幸好有慈濟。感恩慈濟人，支持師父建院，成就穩固的志業體建築，雖然餘震不斷，醫院仍正常運作。也要感恩各志業體同仁，雖然多數並非本地人，在花蓮受災難時，立

即發揮愛心良能，參與救治與安撫。」

在花蓮慈濟醫院擔任行政職的李思蓓也是慈濟志工，地震之後，她馬上打電話向主管陳英和名譽院長請假，但陳院長說：「我永遠放妳『賑災假』，妳不用回來。」可是李思蓓覺得職工與志工要分清楚，還是堅持說：「院長，我要請假。」

李思蓓全力投入災區，與志工在寒冷的雨天裡四處奔走，鞋襪都沒有乾過，最後許多人都抽筋，還好有花蓮慈院提供的中藥貼布，貼上了就繼續走。不管職工還是志工，在這當口，大家想要付出的心都是一樣的。

不分從哪裡來

適逢寒假，慈濟大學多數學生都已經回家，但外籍生、實習生，以及一些因為做實驗而留下的學生約一百五十二位還在花蓮。地震後，學校老師把他們集合起來，帶到慈濟全球志工寮房安置，也有學生馬上投入救災，幫忙志工搬運物資、洗碗、整理生活包等等。

學務處張素娟教官表示：「地震來得太急，學生都穿得很少就逃出宿舍，也有很多外籍生第一次遇到地震，都非常害怕。」張素娟教官是土生土長的花蓮人，她表示，花蓮人其實都比較不怕地震，但這次真的很可怕，尤其是倒塌的大樓裡，還有她認識的人，所以她選擇投入救災工

作，為鄉親出力。

慈濟大學生命科學系的李亞慈是臺南人，兩年前（2016 年）的美濃大地震，她的家就在臺南倒塌的維冠大樓附近；她的記憶裡，那天與花蓮地震一樣是寒冷的天，以及很多救護車的聲音。地震當晚，因為餘震不斷，她睡不著，乾脆和同學一起跟著慈濟志工去搬毛毯救災，她說：「一個人會害怕，和很多人一起做事反而覺得安心。」

來自馬來西亞就讀慈大醫學資訊系的黃義斌在中華國小安置點幫忙，最大的體會是：「人在最無助的時候，需要的就是陪伴，不會去分你是哪裡來的。」

青年投入救災

慈濟大學與慈濟科技大學的學生就地付出，而同樣身為年輕人，不少慈青則選擇回到心靈故鄉一起投入救災，家住嘉義的臺北科技大學慈青蘇微淇，看到電視播放著花蓮地震的新聞，腦海中浮現出兩年前美濃大地震時，阿嬤家住臺南永康維冠大樓旁，一家人前往災區救援的畫面。她決定發揮青年的力量，在家人同意下，馬上搭車從嘉義北上，再從臺北轉乘火車一路到花蓮。

她跟著志工救災，有什麼做什麼，不會就學，不懂就問。隨著志工進行安心關懷時，雖然很怕會突然地震，但一直告訴自己心要定，才能送關懷。

「阿嬤，恁有驚到沒，阮來給恁『壓驚』喔！」當她用著不是很靈光的閩南語為阿嬤唸著證嚴上人的慰問信時，大家忍不住笑了出來，阿嬤也感受到年輕孩子的熱忱；蘇微淇給阿嬤一個擁抱，相信可以傳送溫暖。

除了慈青，另外十三位名為「救將」的年輕人，他們都曾經參加慈濟在 2017 年於全臺各地舉辦的「救將！防救災科學營」，他們在基金會同仁潘培菁在網路的號召下，特地趕來花蓮，成為救災生力軍。

「救將」一員的陳思佩穿著黃色志工背心，一到服務中心，馬上跟著慈濟志工搬福慧床，幫忙提餐盒到各救難隊駐所。志工一招手，她便馬上靠過去，一點也不懈怠，「我是抱著一分虔誠的心，來為救難人員服務。」

另有羅翊庭、羅愛雅姊妹都是慈濟高中的畢業生，在父母親的同意下，聯袂來到花蓮幫忙，她們說：「因為有參加過營隊，學習到如何在災區救援，既然有時間，就來出這分力。」

基金會同仁潘培菁表示，這批年輕學生經過營隊的訓練，也了解慈悲科技設計的賑災設備，儘管災區裡的情況與營隊模擬時大不相同，但這群年輕人學習力強，跟著志工一起救災，舉一反三下，馬上就成為稱職的災區小幫手。

感恩您的挺身而出

　　大樓一公分、一公分地慢慢傾斜，支撐用的鋼梁一根、一根地加上去……黃金七十二小時的搶救時間裡，雲門翠堤大樓搜救工作集合了各領域的力量：救難隊、國軍、土木結構技師……甚至工程包商也進駐現場，提供各式重機具投入，大家同心同念——「找出所有的失聯者」，同時「讓整個搜救過程平安」。

　　若要讓搜救工作完全無障礙，著實不易。自2月6日深夜，芮氏規模 6.26 的地震發生後，直到2月9日上午九點，經中央氣象局統計，發生在花蓮的餘震共有三百一十二次，其中芮氏規模 5 以上的就有十次——這代表著每次規模稍大的餘震發生，搜救人員就必須撤出，待現場技師確認建築物安全後才能繼續；而平時肉眼幾乎分辨不出的細微位移，此時都放大成每一個關注者心頭上的陰影。

　　全臺民眾關注著搜救進展，現場媒體也鉅細靡遺地報導搜救工作的困難。

　　除了救難人員得在不斷的餘震中涉險，還有傾斜狀況讓搜救人員的空間感失衡，建築室內擠壓變形，搜救人必須徒手操作破壞器材慢慢推進……新竹的特搜小組消防隊員黃盈嘉向志工表示，進到傾斜的大樓搜救，不僅站都站

不住，還有難耐的屍臭，但他卻不以為苦，這就像非做不可的本分事。

一杯咖啡、一碗飯 搜救人員的後盾

雖然花蓮 0206 地震共造成十七人往生、兩百二十八人輕重傷，但相較於國際間相似震度的地震，卻已是不幸中的大幸。而搶救生命、救人於圍困中的救難人員、消防弟兄，在最終任務完成後，心中的感受又是如何？

花蓮縣消防局局長林文瑞透過大愛臺的訪問，表達對於各界的感謝：

「地震能夠這麼迅速的處理，我要感謝的是全國有32 個搜救團體，總共 3600 多人次，最快的一支隊伍在 3 點多就已經到達現場，我們花蓮縣的警消義消以及紅十字會人員在第一時間就投入。要感謝我們的消防署，能夠迅速動員，全國的各個搜救團體，都用最迅速的速度進行支援，所有的救災團體能夠投入到我們的災區，來協助整體的救災。

其次我們也要感謝警察，警察在整個災區的管控部分，幫我們維護著救災現場秩序，讓我們維持救災動線的暢通，其次是我們的整個公私立的救災單位，包括我們民間的一些工程單位都主動幫忙，不等我們去講就主動把怪手調出，通通開進現場來，接受現場指揮官的指揮調度。

以及大家剛剛有看到，就是這一次的地震裡面餘震不斷，還有一些危樓已經傾斜，我們救災同仁在整個救災的過程當中，他是要冒著生命危險的，我們要感謝全國的土木技師公會、結構技師公會以及建築師公會，迅速的支援投入大量的人力，對於我們現場每一棟危樓都進行 24 小時、各個角度的監控，讓我們了解這個救災人員即將或已進入的樓層是不是有在繼續傾斜，讓我們維護我們整個救災人員的安全。

　　其次，我們所有的救災人員要進入現場的時候，甚至有這些技師公會在我們的身邊幫我們評估，進去會不會危險，我們確認沒有危險，在架設一些粗繩以後才進入，確實來維護我們救災同仁的安全。所以說就是很榮幸、很幸運，我們這次整個救災行動當中，我們沒有任何人員受到任何的傷害。

　　那最後我們要感謝，我們所有的慈善機構以及社會團體，包括我們的慈濟基金會。我們在第一時間發生這麼大的災難，全國各地的救災團體都迅速的趕達現場。

　　第一個早上六點鐘，馬上有這麼多救災人員的早餐要處理，請我們慈濟基金會來幫我們巡視，整個我們的後勤部分，完全就由慈善基金會以及各慈善團體來巡視協助，讓我們在救災的時候無後顧之憂，在這裡要特別感謝！」（摘錄自 2018 年 3 月 4 日大愛電視台「見證臺灣生命力」節目）

地震後，任職於慈濟志業體的同仁也到第一線付出，李思蓓（右一）的主管給予大力支持，但她仍堅持志工「自假自費」的精神，請假來付出。（攝影／鄭啟聰）

收下上人祝福 展現鐵漢溫柔

　　隨著統帥飯店搜救結束，並已釐清雲門翠堤大樓的失聯者人數，各縣市救難隊因應現場指揮官的調度，陸續結束本次搜救任務。

　　2月9日下午，靜思精舍師父們代表證嚴上人，一一向準備離開的救難隊員致意，並致上結緣品，包括象徵祝福吉祥的福慧紅包、證嚴上人感恩信等，表達慈濟人對於他們馳援搜救的感恩與祝福。

　　花蓮慈濟志工張文仕觀察到，當德悅師父把感恩信拿出來唸，並解釋每一個結緣品所代表的意義時，這些連日出入險地而不改本色的鐵漢們，臉上的線條都柔和了起來，真切地感受到慈濟人誠摯的感恩與祝福。

　　心繫受災鄉親的上人，同樣念著搜救人員，體恤他們的辛勞，就怕他們在搜救的過程中，吃不飽、穿不暖，總是叮嚀著慈濟志工，務必要把搜救人員照顧好，每逢談到搜救人員，總是致上最崇高的敬意。

　　上人開示：「感恩這一群搜救英雄，這麼多天，都是搶著時間，分秒不空過，走入最危險的地方，很辛苦！我們表達這一分的敬意，當然慈濟人的能量，也是讓他們很感動、很感恩，因為有慈濟人在旁邊陪伴，無微不至的服務，讓他們印象很深。愛的能量，有同一心，一心、佛心，同樣的慈悲心，這都是令人感動的有情！」

慈濟大學的國際學生鮮少遇到這麼大
的地震,他們經過學校師長安撫之後,
隨即穿起志工背心,加入賑災行列幫
忙。(攝影/鄭啟聰)

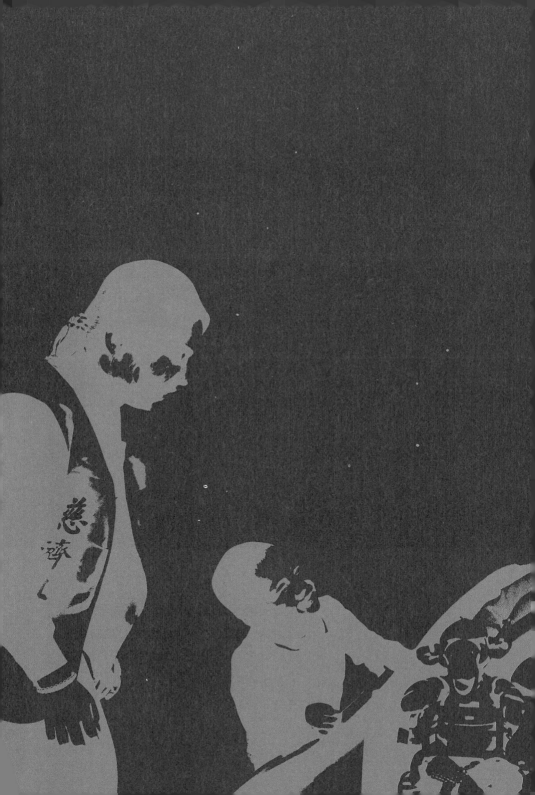

第四章

有情人間 感恩弭災

「地震是我的好朋友，我們在 7-ELEVEN 的時候認識的，後來他有再來找我，他生氣的時候，我都會教他要深呼吸。」一位小男孩生動地向陪讀的慈濟科技大學卓依蒨老師描述著他的「地震朋友」，藉著與地震「交朋友」來舒緩他內心對地震的恐懼。

在旁的媽媽解釋，地震當天孩子還沒有就寢，全程目睹家裡東西全部瞬間位移且傾倒的驚險過程，當下他們母子立刻跑至樓下的 7-ELEVEN，此時孩子又目睹路面裂開，心裡更加害怕，可是孩子卻跟地板說：「地震你不要再生氣了，要學我一樣深呼吸，吸氣、吐氣！」第二天，孩子跟著媽媽就搬到小巨蛋收容中心暫住。

這個小男孩，只是地震後受驚嚇的一個案例。在收容中心成立，驚惶不安的鄉親得以暫時「安身」後，潛藏的災後症候群也逐漸浮現出來。因此，針對災後心靈安撫的服務，慈濟教育、醫療、慈善體系也都積極動員起來。

慈濟在花蓮有慈濟大學、慈濟科技大學及慈濟大學附屬高級中學，在教育志業執行長蔡炳坤的號召下，分別在中華國小、小巨蛋兩處設立慈濟陪讀中心，一來為入住的家長分勞，讓他們專心處理災後事務，享有較好的休息品

質；二來就是從陪讀中，有機會發現孩童潛藏的災後心理問題，從旁協助他們紓解壓力。這樣的做法，正好與臺灣世界展望會的兒童關懷中心、花蓮縣社工工會、花蓮家扶中心、花蓮縣臨床心理師公會、花蓮縣諮商心理師公會、花蓮縣社工師公會等單位的訪視關懷，結合成一個全面性的關懷網，與政府單位配合，成為對入住兒童及家長災後心理創傷跨組織、跨政府民間合作的照顧。

此外，花蓮慈濟醫院的身心科醫師，也設立了「安心門診」、「安心專線電話」、「安心講座」，並在慈濟全球志工寮房收容中心成立「安心小站」，為受到驚嚇的鄉親提供各項災後症候群的服務。慈濟基金會也在緊急救災稍事緩解之後，立即舉辦大規模的「安心家訪」活動，深入社區安撫人心，親自向鄉親致上祝福。

此次花蓮震度雖然頗大，但與 2017 年底才發生的墨西哥地震，以及過往臺灣的九二一地震相較，災害規模和傷亡都減輕了許多，花蓮地震雖然有災難，但無奈中也算是大幸，若能將驚恐之心轉為感恩心，就如許多受災後投入賑災的志工，在助人中忘卻自身的恐懼，也是極佳的療癒方式。

抹去心中的陰影

「花蓮地震是我人生中很難忘的一天。我是九二一的受災戶，當年住臺中，地震後房屋半倒，有家人受傷，災後住進帳篷裡，吃過慈濟賑災的便當。2月6日下午，我的家人才從臺中搭飛機來花蓮找我，全家人難得團聚，沒想到半夜又一起遇到花蓮大地震。」

人生中兩度遇到大地震，蔡炳坤這次的心情卻完全不同：十多年前在臺中任教的老師，如今已是慈濟教育志業的執行長；上次是被救的災民，這次安然無恙，反而將心中的恐懼化為動力，積極投入賑災。

將心比心 陪伴走出恐懼

在確定三所慈濟學校的住宿生安全無虞，以及建築物無損之後，蔡炳坤隔天上午前往中華國小收容中心察看入住鄉親的需求，發現許多孩童漫無目的四處遊走，家長也忙於處理受災事務，無暇關注。有鑑於自己過往的經驗，大人有災後症候群，小孩子也有，但卻往往未受到關注，就像自己當年唸國中、國小的孩子，也是花了很長的時間才將心理創傷復原起來。

接著，他又前往小巨蛋察看，也發現同樣的情形，慈

慈濟教育志業執行長蔡炳坤親歷過
九二一地震,對於災區孩童地震後的
心理創傷特別感同身受,花蓮地震後,
積極推動陪讀中心的設立。(攝影 /
徐瑩芷)

濟志工提到有位小朋友因為受到驚嚇都不吃飯，志工就帶小朋友去打球，玩一玩，心情放輕鬆了，回來就肯吃飯了。

　　孩子的教育不能停，災後的心理創傷需要有人關注。於是蔡炳坤立即聯繫幾所學校，安排慈濟大學負責中華國小，慈濟科技大學及慈大附中負責小巨蛋，但由於世界展望會及家扶中心都已預約時段安排兒童關懷活動，慈濟就認養剩餘時段——每天下午五點到七點半，開始進駐收容中心陪讀。

一呼百應 守護童心

　　「我們來就是要支持家長，讓父母親可以獲得喘息，讓他們可以好好地吃個晚餐、洗個澡，或是休息一下。」慈濟大學兒童發展與家庭教育系李雪菱老師有豐富的社區工作經驗，也帶動過許多團體一起關心兒童教育。繼 8 日由何縕琪老師帶領慈濟大學師培生投入之後，9 日起就由李雪菱接力第二棒。年節前夕，學生都已返家，李雪菱一方面上網招募「已經準備好了的」花蓮在地資深教育志工，一方面招募慈大各科系有心學生一起來到中華國小收容中心，擔任慈濟大學「課輔陪伴閱讀中心」的教育志工。

　　在一個小時的行前培訓中，大家一起凝聚共識，以不使用麥克風、非強力教學等策略，發展多種貼近受驚嚇、受創傷家庭子女的陪伴與支持策略。一小時的行前會

大哥哥、大姊姊陪著小朋友玩遊戲，
除了可以消弭孩童地震後的恐懼，同
時對他們也是很好的學習服務經驗。
（攝影／羅瑞鑫）

議後，大家不分你我，穿上慈濟志工背心，依序進入安置中心，再由李雪菱進行二十分鐘的實地培訓。此時，二十多位志工井然有序展開晚上的活動。他們心情平靜、面帶笑容，放低聲量，手持一張張剛完工的、寫滿當晚活動內容的 A4 紙，遊走在各福慧床間，邀請爸爸媽媽讓孩子參加晚間的「陪伴」活動；不多久，活動中心的講臺上，每個人都已各就各位，豐富多樣的動靜態教學與遊戲活動引導，一點都不像是前一日才在臉書上招募成軍的志工。

陪伴、傾聽 「玩」出真情

志工團體來自各方。除了慈大師培、兒家幾位大學生當班底之外，臉書招募而來的資深教育工作者更是活動的臺柱。他們包括：花崗國中、東華附小、吉安國小與慈濟附幼的老師、慈大通識中心、慈大的職員、東華大學特教系等大學生，更包括新象繪本館創辦人陳麗雲醫師、北濱國小志工，以及慈大學生的家長。

許多資深志工夥伴平時耕耘於花蓮在地的部落、社區、各級學校，地震後，有的志工甚至自己也是災民，但是他們都願意拿出專業，不分你我，只問我可以做什麼。志工們依照李雪菱網路上的指示，自己準備了家中各種桌遊、繪本、摺紙、樂高、黏土、色紙、蠟筆、鉛筆、象棋等。也遵照共識，陪伴的全程盡量不用麥克風，沒有灌輸式的

課程，有的就是各展長才，以便讓災區孩童與青少年得以依照興趣選擇要參與的活動。

　　靜態區有「棋逢對手」、「故事好好聽」、「火車過山洞」、「手作花園」、「你粘我粘」等組別。動態區更有機動組與籃球組，由青少年與志工自發性成立。看著青少年從扭捏、遠距離觀察，到自在地與志工建立關係，李雪菱很訝異第一個晚上就能有這樣的進展。

　　「你知道我家倒了嗎？」一邊塗鴉，一邊和志工秀蓮媽媽聊天的小女孩，突然說起家中的災況，秀蓮媽媽默默地聽著、陪伴著、穩定地支持著小女孩，且不急著問孩子在地震時遭遇了什麼，孩子感受到被支持、被理解與被信任。隔天，更多孩子想尋覓著秀蓮媽媽的畫畫時光。如此接近一對一的小團體和多元活動的方式，就是以陪伴、傾聽來支持孩子，讓孩子獲得被重視與關愛的感覺。

聽懂孩子的心

在陪伴災區兒童的師長和同學，常常會面臨突如其來的「小考」，孩子們的出題，往往出乎意料、變幻莫測，需要的是一顆能聽懂孩子心底聲音的心。

「我要玩汽車、我要玩汽車！」脾氣很拗的小男孩，堅持著一定要玩「小汽車」，在各式各樣組別的現場，就是沒有汽車。

志工靈機一動，「那麼我們來玩樂高的『火車過山洞』好不好？」陪伴志工智慧地圓滿小男孩的願望。然而在活動現場，也不是要糖果就給糖果。

「Alinggo（志工對李雪菱的暱稱），有個小女孩就是要玩娃娃，我明天帶娃娃來好嗎？」「你可以運用多樣性的遊戲，來符合多樣的需求，不然這裡就是只有戰車和芭比娃娃了……」具備性別平等和多元文化專業的李雪菱建議著志工。

隔天，這位志工分享：「Alinggo，雖然我們現在手邊沒有娃娃，但是我發覺，她要的不是娃娃，她需要的是一直有個穩定的力量在她旁邊！」

透過支持與陪伴，志工已然替代了小女孩想要的娃娃，這陪伴的兩個小時，不是為了滿足孩子的需求，而是在於幫助孩子建立善與愛的關係。

慈濟志工善用各界送來的愛心玩具，
透過伴遊與陪讀的方式，幫助孩子們
建立善與愛的關係，安撫地震後恐懼
的心靈。（攝影／陳忠華）

我要牽手 我要……你！

小朋（化名）牽著陳俊諺的手，繞著中華國小體育館走了一圈又一圈，就這樣走了兩個小時，這期間他們的對話是——

小朋說：「我要球。（給球）我不要了！」

小朋說：「我要車子。（給車子）我不要了！」……

俊諺就是陪伴著、支持著小朋，漸漸地，俊諺懂了，懂得小朋教會他的——其實我不是要我要的，我要的是「你」關心我，確定「你」愛我。

俊諺是慈濟大學兒家系的學生，他依著過往訓練中所學習的：穩定、愉悅、正向的方式陪伴著小朋，但是接下來呢？難道俊諺將牽小朋的手一輩子？第二天，俊諺開始幫小朋和其他的志工建立關係，「來！小朋。」小朋開始很自然地跳到李雪菱的腿上，漸漸地可以和更多人互動，心也更開朗。

李雪菱在每一次陪伴後，舉行當天的第三次培訓也是分享會，引導志工們說出自己的心得，讓今日的沉澱換作明日的資糧。

她回想，雖然「陪玩」的日子不長，但是每個人收穫都很多。「現場有什麼，就做什麼，我們都不是帶著東西去『灌輸』孩子；志工也不是去做什麼，而是讓自己學習去思考災後更深入的議題。」

找個角落靜心

後續接棒的慈濟大學兒童發展與教育心理學系胡美智老師，她在活動開始前半小時，會先向志工及大學生們說明每天的工作要點。陪伴的方法是以讓小朋友安靜為要，不打擾到休息中的父母為主，每個時段來協助的老師自己找一個角落，自己帶熟悉、可以帶動的玩具或工具來陪伴孩子們。

大家雖然來自不同團體，卻很有默契彼此補位與互助，將場地布置完成，並邀請孩子們一起參與活動。胡美智認為藉之前李雪菱老師留下的活動日誌與心得分享，可從中吸取經驗，並延續所建立的模式，採取多元化活動及主動邀約安置的孩子參與活動，而且提醒團隊準備適宜的玩具和配備，以便能在最短時間內與他們建立良好的互動。

她很滿意地說：「最後連十個月大的小嬰兒，我們都照顧到了，也能提供給她適合的玩具。」而且其中以手編織教孩子用毛線編圍巾，讓孩子在專心安靜中，時間很快流逝，令她印象深刻。

一位家長很開心，看到前幾天總在臺上臺下跑動的女兒，這天卻特別專心安靜地把玩著北昌附小吳明珠及吳孟樺老師帶來的芭比娃娃與黏土。許多想要付出的愛心來自四面八方，讓資源及志工都源源不絕，也讓入住的孩童，在受到地震驚嚇之後，能夠尋回安定的心情。

青春不變調

「眼鏡哥，你怎麼這麼晚來？我們去打球吧！」住在中華國小收容中心的孩子們，邀約著課輔志工吳東霖，以及跟他一起來當志工的花蓮中學學生，大夥兒在球場上揮灑汗水奔跑。

「我會先觀察有哪些小孩落單，然後去找他們，問他們願不願意陪我玩！」震災之後，安置中心裡的小朋友最需要的就是陪伴，而這幾天也讓吳東霖認識了很多孩子，這些孩子總會問他：「你明天還會來嗎？」

吳東霖是慈濟大學兒童發展與家庭教育學系四年級的學生，為了開學後的公演，他一直到 2 月 5 日才從花蓮回到臺北。

把握付出的機會

6 日地震發生當下，吳東霖還沒睡著，住在雲門翠堤大樓的朋友打電話給他說：「我家倒了！」吳東霖這才開始注意臉書上的訊息，同時思考自己能夠在這次的地震中，為花蓮鄉親提供什麼樣的幫助？

當他收到系上通知，慈濟大學將安排課輔志工進駐中華國小的消息，他馬上購買 9 日下午的火車票準備前往花

慈科大學生詹勛宗，剛貸款購買的筆
電被埋在瓦礫堆裡，慈濟志工和師長
們募來全新的筆電送他，期許他未來
以利他助人來回饋大家對他的愛心。
（圖片提供／慈濟科技大學）

蓮。原先，媽媽一度反對，認為只要捐錢表示心意即可，況且花蓮餘震不斷，何必一定要馬上回去呢？

吳東霖跟媽媽說，他所捐的每一分錢都不是自己賺的，唯有當志工，才是真正自己的付出。因此他還是照原定計畫前往花蓮，而且一下車站，就馬上搭計程車直奔中華國小，跟系上老師與同學會合投入學童課輔的工作。

吳東霖知道此刻孩子需要被注意，但災後的大人正忙，難免忽略孩子。就如自己也曾有一段偏差的青春期，情緒常常不穩，幸好當時有輔導老師的陪伴，讓他回到正軌，如今他希望也能多陪陪這些孩子，讓他們未來的青春不變調。

在 8 日到 14 日的排班中，包括有何縕琪老師、李雪菱老師、張麗芬老師、胡美智老師等慈大師生外，還包括有花蓮其他多達十個以上的團體志工加入，足見花蓮人，愛的動員力。而慈濟教育志業體的教師們，不只將關懷放在收容中心的孩童，也關注著自己學校的受災學生。

我只需要筆電

慈濟科技大學的詹勛宗同學，獨自一人住在父母親為大姊買下的雲門翠堤大樓十樓，地震發生時，他剛打工下班回到家，沒想到被倒下來的冰箱壓到，讓原本就有幽閉恐懼症的他被嚇傻了，當聞到濃濃的瓦斯味後，他決定奮

力脫困，於是利用僅剩 4％電力的手機，先打給住在鳳林的父母報平安，之後再利用手機的手電筒亮光逃出來，直奔國聯五路打工的餐廳找同事。由於他在第一時間自行脫困，所以一開始被政府通報為失蹤人口，公告協尋。

詹勛宗同學是很堅強、很獨立，而且很有想法的孩子，年滿十八歲的他，已經學會木工、種香菇、復育獨角仙等專業，靠打工養活自己，不想讓自己成為父母親經濟上的負擔。

這次房子倒了，他沒地方住，姊夫的外婆收留他，他還是繼續在原來打工的餐廳工作，用樂觀的心情面對每一天，他說：「錢沒了，可以打工再賺。」師長們詢問需要幫他什麼？他說他剛付完貸款的筆電被埋掉了，他需要買一臺電腦，因為交作業都要用到電腦，二手的也沒關係，唯一的要求是因為視力不好，希望筆電螢幕要有 15 吋。

在慈濟的慈善訪視關懷團隊討論後，決定找一臺全新的筆記型電腦送給詹同學，希望他能安下心來學習。由於詹同學本身也具備木工、種香菇及復育獨角仙的專業能力，他答應系主任未來在課業及打工時間能兼顧下，願意為系上及學校貢獻良能，或前往慈濟小學教小朋友如何復育獨角仙。

災區救護 不分你我

　　除了慈濟教育志業的動員前往第一線服務之外，慈濟醫療體系更是內外大規模動員，地震當天第一時間啟動大量傷患機制之後，後續也參與並從安南災難醫療隊的手中，接下災區現場的醫療指揮站任務，在最前線服務救出的傷患及因搜救不慎受傷的救難人員。

　　2月8日中午，東區緊急醫療應變中心（Emergency Operations Center, EOC）副執行長徐子恒及花蓮慈院急診部黃泰瑀醫師前往雲門翠堤大樓旁設立的天惠堂醫療站，與臺南市立安南醫院急診醫學部符凌斌部長進行交接。當日下午三點，東區緊急醫療應變中心正式承接醫療指揮權後，花蓮慈院急診部醫護團隊也加入災區救援。安南災難醫療隊在醫療站解除任務後還繼續留守照顧特搜隊人員的健康，直到2月9日上午，隨著南區搜救隊撤退，臺南市隨隊支援的醫療團隊才陸續離開花蓮。

　　除了安南醫院團隊外，還有由成大醫院先遣隊前進花蓮災區進行災情評估及資訊蒐集工作，供緊急醫療調度指揮參考。臺南市立安南醫院急診醫學部符凌斌部長表示，因應災情，臺南市立安南醫院5日才剛與臺南市消防局簽署災難合作備忘錄，成立災難醫療團隊，沒想到7日凌晨一時許隨著搜救隊馳援花蓮，他們在災區三天，提供兩年

東區緊急醫療應變中心副執行長徐子恒
（中）及花蓮慈院急診部黃泰瑀醫師（後
右二）前往天惠堂救護站，與花蓮縣衛生
局、臺南市立安南醫院急診醫學部符凌斌
部長（左二）進行交接。（攝影／魏瑋廷）

前臺南市維冠金龍大樓救災經驗，協助花蓮縣衛生局設置醫療站並建立醫療動線。在設置的過程，由花蓮縣衛生局鍾美珠副局長、周傳慧科長、林燕孜科長，與軍方，各家醫院來支援的醫護人員，及民間團體合作，共同擬訂各種策略及整合方式，包括調度人力、排定班表、物資管理、動線規模，實際解決災區行政問題。

花蓮慈院 投入災區醫療指揮站

從 9 日上午八時，花蓮慈院急診部醫護團隊跟隨兼任 EOC 執行長的急診部主任賴佩芳進入雲門翠堤大樓災區，接手醫療指揮站任務。接著提議把復健科及中醫納進來協助解除搜救人員的疲勞、痠痛或肌肉骨骼傷害，當天就由縣政府衛生局聯絡這兩科醫師來醫療站支援。當搜救人員兩小時進去挖掘，出來休息六個小時，他們就會到醫療站尋求協助。

此外，挖掘出大體時，也會由醫生先確認失去生命跡象。不希望媒體從任何方向拍到大體，所以會協同軍方由慈濟提供毛毯遮蔽大體，並把整部救護車包裹起來，移送殯儀館。事後消防局與衛生局認為慈濟在整個過程中，確實做到尊重這些罹難人員。

雲門翠堤大樓災區的醫療站運作，直到 11 日下午一點，花蓮縣長傅崐萁宣布「搜救行動即刻停止」後，才解

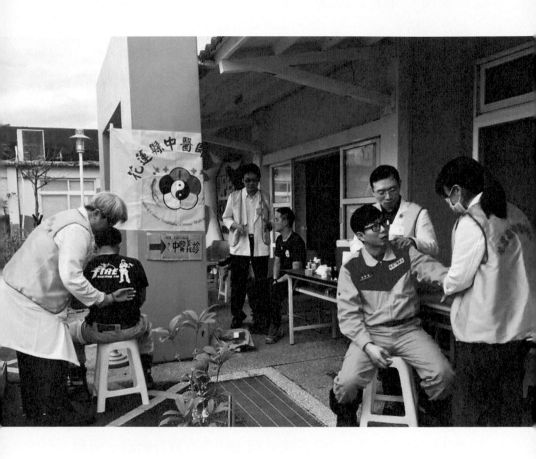

配合花蓮縣中醫師公會義診，慈濟醫
院中醫師也來到雲門翠堤大樓旁駐
點，為救難人員推拿、針灸，舒緩疲
勞。（圖片提供／花蓮慈濟醫院）

除任務，同時也正式宣告為期一百零六小時的搜救行動至此正式結束。

　　三天下來，由花蓮慈院急診部主任賴佩芳醫師、徐子恒醫師、鍾葛鈞醫師承擔醫療指揮站服務外，急診顧問胡勝川以及急診外科主任張新也至現場關心，急診護理團隊不僅出動十一位護理師輪班進駐外，還有許多護理師更是利用上班前或是下班後空檔，自願到醫療站服務。三天共服務了三十一人次，其中五位傷患、二十六位搜救隊員。

　　在急診人力吃緊的狀況下，賴佩芳主任特別感謝 6 日深夜值班的陳煌濱醫師在震災發生後，立即接手大量傷患醫療指揮官；徐子恒醫師坐鎮 EOC，還急診兩邊跑；急診室傷患救治則是由急診外科主任張新與急診內科主任陳坤詮守護，充分展現急診團隊精神。

臺北慈院 趕赴花蓮齊付出

　　地震發生隔天一早，臺北慈濟醫院受新北市政府之邀，在第一時間派急診部陳玉龍主任及許耀升醫師，與新北市「災害醫療救援隊」趕赴花蓮，協助救災，並準備急救藥物，供救援隊使用。

　　陳玉龍主任表示，「我們抵達救災現場的時候，大約已是開始救援後十七小時，生還者都已救出治療。所以我們加入時，是討論依據飯店老闆提供的名單，如何將壓在

牆瓦中的人搜救出來。」「我們需要深入現場，協助辨識到院前無生命跡象患者，並為現場約五十多位的搜救隊員提供醫療服務，緩解搜救時發生的身體不適，讓搜救隊員能全力以赴救災。」

　　包含他院兩位醫師，新北市本次共四位醫師去花蓮救災，陳玉龍主任與許耀升醫師這一組，負責值晚上八點到隔天早上八點的夜班。陳主任述說著現場狀況，「雖然現場房屋傾斜四十五度，救援隊員無法站穩，加上餘震不斷，增加挖掘的困難；而鑽挖掘牆的過程，造成粉塵密布，以及救災空間局限、露出鋼筋易受傷、天冷易失溫等的惡劣環境，搜救隊員卻絲毫不喊苦，大家都希望掌握時間，爭取分秒救人的機會。」陳主任也感恩當地民眾和志工的熱情，照顧周全，茶水薑茶及食物不斷送來，讓他們可以安心救災。

　　陳玉龍主任深深感受「災害醫療救援隊」的重要，他說：「期待更多醫護人員加入，讓災難現場的受難者得到即時的醫療處置，及時挽救生命。」

遠離災後症候群

地震後，花蓮鄉親心有餘悸，許多人出現失眠、緊張、鬱悶等生理反應，花蓮縣衛生局整合慈濟醫院與國軍醫療團隊於小巨蛋設置醫療站；中華國小則由花蓮縣醫師公會、國軍醫療團隊及花蓮縣藥師公會設置醫療站，提供災民緊急或是一般醫療需求。此外，針對心理輔導部分，花蓮縣的心理師、諮商師、職能治療師三大公會都派人在收容中心設點。

因此，慈濟醫療團隊在小巨蛋的醫療站主要是提供急診及內外科的服務，同時於慈濟全球志工寮房收容中心設立的「安心小站」，則是由慈濟醫院身心科醫師、心理師、社工師、職能治療師共同輪值。此外，慈濟醫院精神醫學部也規劃安心門診，提供鄉親心理諮詢服務；另設二十四小時的安心專線，非門診時段也能陪伴鄉親，安他們的心；並且舉辦三個場次的安心講座，了解大家災後的身心反應，分享災後如何調適心理。

走出悲情五字訣

針對災後症候群，花蓮慈濟醫學中心精神醫學部王瑾婷醫師分享災難的心理急救手冊，靠著五字訣，「安、靜、

花蓮慈濟醫院設在小巨蛋收容中心的
醫療站,提供入住鄉親們,身、心的
各種醫療需求。(攝影/羅瑞鑫)

能、繫、望」陪伴鄉親走出悲情。

「安」就是促進他們的安全，先讓他們有一個容身的安全環境，試著減少接觸與地震有關的訊息謠言，避免引發更多的恐懼憂鬱及憤怒。

「靜」是以練習呼吸、肌肉放鬆、瑜珈、正念冥想、放鬆的畫面，與音樂讓他們獲得平靜感。

「能」是自我效能「我可以」的感覺，把自己身心安頓好，確認飲食、睡眠，作習的規律與正常，在逐漸站起來的路上，從日常生活中找回一些自己現階段可以完成的事情。

「繫」是多與親朋好友互動、聯繫，透過社會的支持、討論、陪伴。

「望」是要把目前的每一天都過好，常常提醒自己與朋友，只要有明確目標與方法，終有一天，我們可以慢慢地往前走。

揹著病患跑

魏勝雄是花蓮慈濟醫院接受人體實驗的個案。2 月 6 日剛好從彰化來到花蓮慈院進行術後三個月的治療評估，晚上下榻統帥飯店五樓，沒想到半夜就遇到強震。

那晚，魏勝雄與妻子劉美黛睡夢正酣，突然一陣劇烈震盪，「砰」的一聲，屋子瞬間傾斜，四周一片漆黑。來

凌晨一點多，當花蓮慈院林欣榮院長
（左二）等醫護人員看到魏勝雄（前
中）平安出現在醫院急診室時，大家
都鬆了一口氣。（攝影／魏瑋廷）

自印尼的看護阿娃，擔心兩位老人被壓傷，情急之下用自己的身體護住老人家，等到地震停歇，才與劉美黛將行動不便的魏先生攙扶到房間外。這時，統帥飯店原本的五樓已經變成了二樓。

　　餘震不斷，鄰近房客紛紛奪門而出，摸黑尋找出口，驚魂未定的三人，唯一的想法就是趕快逃出去。年邁的劉美黛和阿娃拖著魏勝雄，隨著人潮往安全的地方走，正好遇到兩名用手機照明逃生的仁德醫藥專科學生，兩人二話不說，直接幫忙揹著魏先生走下樓梯。男學生先行休息後，又有一位從九樓下來的潘姓女住客熱心上前，確認魏先生的體重後，主動揹他到救援的窗口，由消防人員接力救下。當他雙腳著地，平安脫困後，三個人都癱軟了！

　　地震發生後，慈濟醫院神經外科護理師王宜芬第一時間聯繫確認魏勝雄是否安全，才發現統帥飯店倒塌，電話無法聯繫上，心急的王宜芬隨即聯絡魏勝雄在彰化的兒子魏首任分頭尋找。

　　「我找到爸爸了，在飯店附近的銀行騎樓下！」魏首任想方設法託人尋找，確認三人平安，趕緊致電向醫護團隊報平安。

　　原來，脫困之後，魏先生三人兩眼無神地坐在騎樓下，漫無目的地等待著。由於統帥飯店現場混亂，市區街道上擠滿了車子，鄰近的銀行經理看著坐在地上的魏先生瑟縮著身子，又行動不方便，便主動提議將魏先生夫妻跟阿娃

三人送至花蓮慈濟醫院急診室。當醫護人員看到魏勝雄凌晨一點多平安出現在醫院急診室時，終於都鬆了一口氣。林欣榮院長為魏勝雄檢查後，幸好身體沒受傷，只是倉惶逃出時，日常用藥沒來得及帶著，他立即開立一些日常用藥補充。

　　8日下午，魏勝雄夫婦特別透過媒體，向在地震中揹先生逃出的兩位年輕人及潘女士表達內心的感恩。

安心家訪 送暖到家

　　灰色的長衫，藍白的制服，一列列莊嚴的隊伍，連續兩天行入鄉間小路、鄰里巷弄內，用心貼近每一個惶惶不安的心靈。

　　震後第四天（2/10），餘震不斷，鄉親的夢魘仍揮之不去；此時，正逢花蓮慈濟歲末祝福忙碌的日子，卻也是安心家訪的第一天。超過一百四十位來自臺北、宜蘭及臺東、臺南的志工，一時間湧入花蓮協助啟動。三十位精舍師父和志工，帶著證嚴上人的慰問信及安心祝福禮，挨家挨戶膚慰關懷。

　　大地震動，人不分貧富，驚懼的心是一樣的！安心家訪路線，從重災區七星潭、國盛里等延伸至外圍區域。第二天行進的路線，從花蓮市區、吉安鄉、秀林鄉至新城鄉各社區，分為靜思精舍、統帥飯店、慈濟志業園區、慈濟教育園區等四大區塊，共一百多條動線出發。

　　安心家訪路線區域上的選擇，除了因鄰近災區之外，也以「敦親睦鄰」的方式，在慈濟志業體所在地周圍的社區進行關懷。

　　第二日，出發前由五十二位精舍師父帶領超過七百位身著藍天白雲的志工，於靜思堂內虔誠祈禱；一股安定人心的力量，是飽受驚嚇的鄉親們最大的心靈依靠。

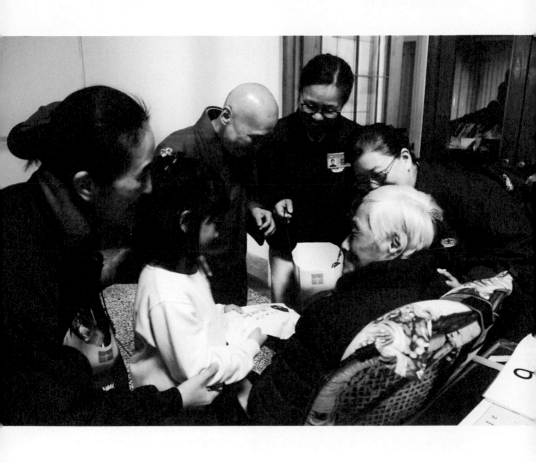

靜思精舍師父及慈濟志工安心家訪、
送暖到家,膚慰鄉親地震後驚惶不安
的心情。(攝影／羅明道)

掀開塵封的記憶

這一震，掀開了塵封已久的傷痛記憶！就在 1951 年，同樣發生在花蓮，芮氏規模 7.3 的大地震，亦造成房屋倒塌、嚴重的人員傷亡；那時董奶奶才八歲，擔心和害怕，瞬間湧上心頭。

七十幾歲的董奶奶想起小時候的記憶，那是六十幾年前的事，花蓮也有過一次強震，最嚴重的地方是統帥大飯店所在的花崗山，因為全是木造房子，市區也幾乎倒成一片，彷彿被轟炸過的廢墟一般。

「人和房屋都平安，就好！」靜思精舍德根師父緊緊握住董奶奶的手，輕輕安撫著。溫暖的話語，關心的眼神，讓董奶奶漸漸安下心來，不再擔心受怕。

相隔一街 相別此世

花蓮市中山路位於市區，是觀光客必定造訪之地，地震後連續幾天，卻顯得冷冷清清。而倒塌的統帥大飯店就在中山路上，附近傳統的綜合市場裡，年節將近，民眾趕著上街採買年貨，小販叫賣聲此起彼落，買氣稍見回籠。

靜思精舍德糧師父和志工走入一家家比鄰的商店，傾聽商店老闆們的心聲，給予心靈抒發的出口。「真的好可怕！」市場內，經營服裝店的黃怡禎是慈濟護專畢業的學

生，她談到地震發生當時，餘悸猶存。

地震後，黃怡禎飽受驚嚇，連續幾天都不敢回家睡覺。當從新聞報導中得知，統帥大飯店員工周志軒罹難的消息，她簡直不敢相信，眼眶瞬間濕潤了，身子顫抖著：「他是我店裡的熟客，心裡真的好難過！」德糧師父拿出福慧紅包，給予關懷，讓黃怡禎紛亂的心情，漸漸平撫下來。

黃媽媽在旁，亦接受德糧師父的祝福，一直道謝，並答應當天下午，將撥空前往靜思堂，參加「祝福花蓮‧祈禱音樂會」。

談心話當年

公正街上盡是些歷史悠久的小吃店，靜思精舍德林師父和中國大陸上海慈濟志工邱玉芬來到芳美豆乾店前，巧遇早期曾為慈濟奉獻的八十四歲廖春老菩薩。

「以前每逢慈濟打佛七，我就做豆腐、豆乾、蘿蔔糕；也會幫德慈師父賣蘭花。」廖春老菩薩遇到師父，說到古早話題不斷，回味起來是滿臉的歡喜，意猶未盡。

委員號十九號的靜航師姊（蘇阿色）即是廖春老菩薩的姊姊，嫂子則是委員號四號的靜慈師姊（吳玉鳳）。早期，克難慈濟功德會開始時，因為家裡做豆腐，常常會提供豆腐、豆干等，請大家品嚐。那一分發心，是老委員們做慈濟的共同記憶。

德林師父送上祝福禮，廖春老菩薩很客氣地婉拒，「可以給更需要的人！」德林師父很感恩地為她戴上佛珠，祝福她：「無量壽福！」

巧遇化解誤會

中國大陸上海慈濟志工邱玉芬與靜思精舍德林師父一同家訪。沿著中山路，邱玉芬帶著馬來西亞小朋友所繪製的祝福圖畫，傳達來自全球慈濟人的愛心。

「臺灣長期幫助大陸，卻沒有看到大陸……」一位民眾張先生突然話鋒一轉，發起埋怨之聲，表示他從各媒體看到很多國家都在為臺灣募款，就是沒有看到中國大陸。

邱玉芬一聽，趕緊拿出手機，分享螢幕裡群組的訊息說明：「有啊！大陸有啊！你看！你看！這邊都是！」邱玉芬指出這一省、哪一省，捐款數量。張先生微笑點頭說著：「我以為大陸都沒有救濟，那這樣，有！有！有！」同時他也表示，有機會要將這些訊息轉達給親朋好友知道，一場巧遇化解了一場誤會。

靜思精舍師父及慈濟志工安心家訪，
為長者送上證嚴上人慰問信及安心祝
福禮。（攝影／劉鴻榮）

敦親睦鄰 揮別驚恐

走過一條又一條破碎的街道，盡是心痛的烙印！一分溫暖，湧入重災區國盛里，鄉親破涕而笑！

靜思精舍德守師父帶著慈濟志工走在國盛一街的街道上，逐層爬上樓梯輕按門鈴，耐心等候，為的是不願錯失任何關心的機會。

來到三樓，迎面而來的是六十七歲的張女士。張女士一見師父即吐露那一夜的驚恐，「一下子，櫃子都移動了，廚房的碗盤也都全摔滿地。」當她說到，電視報導可能還會有大地震出現，一陣顫抖，眼淚就不聽使喚地流了出來。

「無驚！無驚！」德守師父握著張女士的手，不停地膚慰著，並為她戴上佛珠，讓她感受到證嚴上人的關懷就在身邊。德守師父鼓勵她：「最重要的是，我們現在是平安，要自在！」大家為張女士唱誦〈無量壽福〉，聲聲祝福帶給她一分安心的力量，頃刻間臉上露出了笑容。

傾聽苦處 做他人的依靠

有別於市區街景，沿著山區產業道路，細雨中，一群慈濟志工手提安心祝福禮，緊緊跟隨在精舍師父身後。一行人徒步而上，逐戶敲門，為靜思精舍周圍附近的佳民村

及康樂村鄉親，送上祝福與關懷。

佳民村和康樂村是靜思精舍的所在地，西鄰中央山脈，另一面緊臨海邊，寬約一公里，地形狹長特殊，兩村共分十五條路線行進。走入其中一戶人家，住在裡面的鄉親看見慈悲的師父，不禁傾訴她心中的苦處。

「地震來時，自己不能跑，很害怕……」滿臉愁容的女士，因罹患糖尿病，雙腳已被截肢。在地震來時動彈不得，一直向師父哭訴著，因自己的業障深重，才落得如此下場。

「心要打開，福慧紅包給妳壓壓驚，平安就是福！」德怡師父安住女士的心，為她戴上佛珠，並請她每天念佛，心向正念，災難已過，別再害怕。

米崙斷層的起點

深夜裡，那一場天搖地動，也造成花蓮知名景點七星潭，平整的地面出現許多龜裂的長痕。

七星潭就位於米崙斷層的起點，根據經濟部中央地質調查所於地震後初步認定，這次米崙斷層雖非地震主因，但米崙斷層被誘發產生錯動，也使得七星潭大橋嚴重錯位、民宅外牆出現寬達三十公分的裂縫，甚至這個區域的整排房子在拉扯間嚴重龜裂，瀕臨解體。

10 日，精舍師父、慈發處和營建處同仁，帶著慰問

金及物資至七星潭同步進行勘災、發放及安心家訪。一行人踏在地面隆起、處處裂痕的街道上，險象環生；而四處散落的大石塊，更是一片狼藉。

「這不安全，不要住在裡面了！」德懷師父和德寬師父走進潘先生家，看見牆壁上的大裂痕及門檻內的石板破碎，不忍心地說。慈濟基金會社工人員並懇切地說明，要幫助他遷居，潘先生卻堅持不肯。

潘先生一輩子都住在小漁村裡，他說：「住慣了，這裡才睡得著！」不過，潘先生也老實表示，現在要修理破損的房子，也真的沒錢。德懷師父輕聲安撫他：「我們會陪伴著您的，您不用擔心。」潘先生點點頭。

繼續走在七星街上，另一屋主陳先生的妹妹看到師父，一邊走一邊指著：「從這裡裂到那裡，整個牆都斷裂了。」看到工人正在補強擋土牆，德懷師父和德寬師父立即走近陳先生身邊關心他，並致贈慰問金。一時間，陳先生不禁感動地落下淚來。

「大半生的積蓄，建造了這個溫暖的屋子，怎奈擋不住大自然摧毀的力量。」剛繳清房屋貸款的陳先生，擦拭起眼淚，哽咽說著。「人平安就是福！」德懷師父關心地祝福，給予陳先生重新站起的力量。

靜思精舍師父及慈濟志工前往七星潭
災區勘災、發放慰問金給予房屋受損
的家庭。（攝影／陳麗雪）

做志工 最安心

地震發生後，花蓮慈濟醫院醫護人員第一時間動員，各自在崗位上忙碌不堪，同仁彼此在醫院不見得碰得到面，沒想到竟然會在安心家訪中相見歡！

花蓮慈濟醫院急診室副護理長涂炳旭打開家門，見到心臟內科張懷仁醫師送來證嚴上人的祝福信及福慧紅包，一臉驚喜地說：「我就在等這個！」原來他因忙於值班，沒能來得及領福慧紅包，正好張醫師送來他最想要的安心禮。

張懷仁醫師和志工一行人在慈濟志業園區周圍路線進行關懷，來到富裕七街按門鈴，喜見涂炳旭來應門。其實，涂炳旭也剛從醫院忙完回到家，正想準備休息，見到大家到來非常開心，彼此打氣一番後，同聲喊著：「花蓮人加油！加油！加油！」

知福惜福 再造福

花蓮地震讓經營大理石工廠的洪彩霜家族損失數千萬元，但她沒有太多的時間悲傷，徹夜未眠的她，2月7日一早就趕往靜思精舍做發放前的準備工作，8日轉往中華國小膚慰受災鄉親及發送祝福禮。連續兩天的發放，使得

慈濟志工洪彩霜（中）家中大理石廠
因地震造成石材損毀數千萬元，但她
仍把握機會出來當志工服務他人。（攝
影／沈淑女）

她沒能好好休息，體力不支，開始頭痛，腳也痛得幾乎無法行走。但得知精舍師父要帶領大家安心家訪，她決定忍痛繼續投入。

付出的過程中，看到有些鄉親花很多錢買了房子，才搬進去沒多久，地震來時一切化為烏有。她反觀自己雖然工廠損失嚴重，但家人都平安，還能當志工付出，心裡感到很欣慰，而且與保險公司幾經溝通之後，對方竟然願意提高賠償率，讓工廠的損失減到最小。這讓她深深體會更要認真做事植福，才會累積更多的福報。

也是受災戶的慈濟志工黃玲珍，住在雲門翠堤大樓附近，地震後摔傷逃離，之後接到志工動員通知時，就立即投入救災，關懷徬徨的鄉親。

黃玲珍感恩靜思精舍師父的關懷，財去人安，但自己還有生命在，應該要走出來幫助別人。而且她也在歲末祝福時出來見證，地震後很多人心好像還在搖，還是在惶恐中，但投入志工卻可以讓她的心穩定下來。她鼓勵鄉親跟她一樣為人群付出，走出地震的陰霾。

還要再付出

廖連逢和吳美在地震後，從傾倒的雲門翠堤大樓逃出來，之後就投入慈濟志工行列，由於匆促間沒能帶到慈濟志工制服，靜思精舍常住師父前往關懷時，特別致贈他們

慈濟志工服，並送上祝福與感恩。

　　地震後，被驚嚇得逃到戶外避難的黃翠音，接到同樣是慈濟志工的黃秀疎打電話來問安，確認彼此平安後，相約來到福康飯店安置點。

　　看到現場已經有許多慈濟志工陪伴著受災的旅客，黃翠音很感動，立刻投入送薑茶與膚慰的工作，下午又去居家訪視及開會。整天未闔眼的她，經過短暫的休息，隔日清晨，又急著趕往靜思精舍準備過年圍爐的前置工作。因為電梯停電，她匆忙走樓梯下去，不慎在最後一階踏空了，造成腳踝受傷，當天立即住院開刀。

　　得知她受傷後，精舍德柔師父與志工們立即前往關懷，並致上祝福，黃翠音感恩大家的祝福，希望自己能早日康復，盡快再為人群付出。

虔誠祝福 陪他一程

　　有災無難的鄉親，志工提供他們身、心的安置與照顧；而對於不幸往生者，如何讓亡者靈安、生者心安，對家屬貼心的陪伴是最重要的事。當罹難者江振昌的遺體從雲門翠堤大樓裡面被抬出來，移上救護車，慈濟志工們在寒風冷雨中，穿上雨衣、排成長列，以虔誠的心為往生者祝福。江振昌育有三女一男，最小的女兒難掩悲傷地說：「因為有慈濟志工的關心和陪伴，不但安定我的心情，也讓家人不會感到無助。」

　　8 日上午，慈濟志工潘惠珠等三人，到雲門翠堤大樓現場送薑茶、熱飲、毛毯等給搜救人員，適逢搜救人員發現兩位罹難者大體準備送出，現場負責鑑定的刑事警察詢問志工：「你們可以協助助念嗎？」當下三人立即合十唱誦佛號，等待大體送出。此時，突然大雨滂沱，警察們見到志工全身淋濕，趕緊設立臨時雨棚為志工遮雨，在佛號聲中肅穆地送大體上救護車……

　　從此只要有大體準備送出的訊息，慈濟志工就會守候在封鎖線外，靜肅列隊，虔誠合十為往生者誦念佛號，祈求亡者靈安，也為哀淒的事故現場帶來沉穩的安定力量。

　　陸續移出的大體被抬上救護車後，送往花蓮縣政府在殯儀館設立的「花蓮震災罹難者聯合靈堂」，靜思精舍師

父和慈濟志工在靈堂裡為往生者助念,同時安撫家屬悲傷的情緒。

　　與同事一起來花蓮旅遊的中國大陸籍余妃,不幸在地震中往生,兒子也受了傷,她的先生瞞著岳母從福建廈門趕來處理後事;怎知岳母從媒體報導得知女兒往生的消息,焦急得不吃也不喝,只是一直痛哭。慈濟緊急聯絡廈門志工與余媽媽取得聯繫,安撫之餘,更是全程陪伴余媽媽,從廈門來到臺灣送女兒最後一程。

　　余妃的兒子受傷住進慈濟醫院接受治療,靜思精舍師父也專程前往關懷。余妃的先生光是處理後事已心力交瘁,師父親自到病床前關懷兒子,致贈慰問金給他們的同時,也請他們要節哀,轉念祝福往生的余妃……來到人生地不熟的臺灣,師父與志工對他們的種種關懷,讓余妃的先生激動地紅了眼眶。

溫馨尊重 最後送行

　　急難搜救暫告一段落之後,許多大型機具仍在雲門翠堤大樓不斷挖掘,空氣中瀰漫著煙塵,消防局特搜人員也在旁待命。來到臺灣花蓮旅遊,中國大陸丁家三代投宿在雲門翠堤大樓的漂亮旅店,五人全數罹難,震後第十九天,丁家兩位長者的大體仍被壓在梁柱下,搜救人員不敢大意開挖,擔心會造成大樓倒塌,只好逐漸往下拆除建築物後,

再遷移大體。

「九點前，大體應該可以出來。」2月25日早上八點，志工們在雲門翠堤大樓封鎖線外守候，聽到傳出大體即將移出的訊息，開始靜心念佛。

然而，開挖過程不斷增添變數，時間一分一秒地過去，「大體看到了，但大體被大梁壓住，為了讓大體不受傷害，可能要等到中午十二點⋯⋯」原先在殯儀館等待助念的慈濟志工也趕來，大家以半小時為一個單位，接力輪班為往生者助念。

下午兩點十二分，最後兩具大體在消防局搜救人員列隊護送與百位慈濟人的佛號聲中，送往殯儀館；2月28日舉行公祭，六十位慈濟志工在旁陪伴念佛，送丁家兩老最後一程；靜思精舍師父與志工致上代表證嚴上人祝福的福慧紅包、《靜思語》、慈濟紅茶包、平安吊飾等祝福禮給家屬，表達慰問之意。

從河北邯鄲再次趕來接靈的丁先生，心情始終沉重、默然不語；在臺舉目無親的丁先生，與慈濟人道別前說：「你們慈濟人的善行很令人感動，在北京、在臺灣，給我們很大的幫助，像一家親，膚慰了我們的心。」

慈濟志工前往花蓮震災罹難者聯合公
祭現場,為罹難者祝福,並陪伴膚慰
往生者家屬,提供所需的服務。(攝
影/羅明道)

第五章・愛擁寶島　伴度難關

地震，對於久居花蓮的人而言，早就習以為常，每當感覺到地動時，總是氣定神閒地繼續做著手邊的工作，心裡想著：「搖兩下就會停了。」而那一夜的地震，是真的連花蓮人都怕到了，震到他們的心都慌了！

連續八十六秒的強烈震動，才剛躺上床的吳瑞祥，睜開眼望著天花板，等著地震停止時再翻身繼續睡，卻聽到東西掉落地上的乒乒聲，起身收拾的同時，打開電視機，等著看新聞播報地震的規模，是否與自己猜測的相符。

不久，電視畫面播出雲門翠堤大樓下陷傾斜的畫面，吳瑞祥的思緒再也安靜不下來，呆坐在椅子上，身體不由自主地顫抖了起來，因為，十二年前，他剛落腳花蓮時，就是居住在雲門翠堤大樓，「怎麼會就這樣被震倒了！」

經歷過無數次震動的花蓮人，怎麼也沒有想到，這一次地震竟是如此嚴重，不僅有四棟大樓倒塌，還造成十七個人往生。花蓮縣政府緊急開設安置中心，但大家被接連不斷的餘震嚇到惶惶不安，寧可忍受戶外的寒凍，也不敢待在室內，就怕再有地震發生時會逃避不及。

靜思精舍師父與志工們在每一個安置中心與服務據點裡穿梭，除了提供鄉親們各種所需的物資與飲食，同時膚

慰他們不安定的心；志工們的每一雙手都是鄉親最厚實的溫暖，每一個肩膀都是鄉親最安穩的依靠。

「要用感恩心，為自己祝福。」證嚴上人不捨鄉親受災，委請志工們代他送上關心與祝福，同時勉勵大家要安下心來，才能走出陰霾。

為了讓鄉親的悲傷有個出口，志工們特別舉辦「祝福花蓮·祈禱音樂會」，金馬影后楊貴媚、金曲歌后萬芳、在地知名雙人樂團湯姆與哈克，以及諸多知名歌手、慈濟藝聯會志工，從各地專程前來獻唱，期盼藉由音樂的力量，引領鄉親走出傷痛。

志工同時邀請大家參與每年一度的「歲末祝福感恩祈福會」，一起集氣為花蓮祝福。這分愛的力量，不只來自寶島臺灣，更從全球各地有慈濟人的國家、曾經接受慈濟援助的社區，匯聚點滴綿薄的愛心送回臺灣，是感恩，也是回饋。

許多人的家被震毀了，這個象徵團圓的年，真的不好過。除夕夜，靜思精舍師父邀請大家「回家」一起圍爐、吃團圓飯。我們都是一家人，我們，並不孤單！

災後復建 縣長借重慈濟經驗

地震發生後，花蓮縣縣長傅崑萁第一時間就看到藍天白雲的志工身影出現在災難現場，提供薑茶、熱食、保暖衣物、毛毯、福慧床等，不僅是救援人員最堅實的溫柔後盾，同時帶給鄉親安定的力量。

緊急援助告一階段之後，為感恩慈濟在此次花蓮地震傾全力投入人力、物力與發放關懷慰問金，以及安定人心與協助災後安置民眾與救援後勤工作，傅崑萁縣長與立法委員徐榛蔚，於 2 月 12 日專程到花蓮靜思精舍表達感恩之意！

傅縣長坦言，災後一個星期，面對災後重建工作仍是千頭萬緒，但他將盡力督促快速執行相關的行政作業，讓花蓮鄉親能夠盡速得到公部門的協助，也期望慈濟能持續給予安定人心的力量。

因為慈濟多年來在海內外有著豐富的救災經驗，傅縣長 2 月 13 日再度拜訪慈濟，希望能借重慈濟經驗，共同為花蓮震後的重建工作盡一分心力。

針對於此，慈濟精心規畫並提供「0206 花蓮地震慈濟緊急援助階段十項賑災行動」，期盼能夠作為縣府的重建工作參考，以期協助讓災後能安人心、讓民眾能安身心、讓社會能穩定民心。

花蓮主震後餘震不斷，民眾擔心再次
受災不敢回家，花蓮縣政府開設小巨
蛋作為臨時避難所，縣長傅崐萁前往
關懷。（攝影／羅瑞鑫）

感恩臺灣與全球用行動支持花蓮

大愛電視臺專訪花蓮縣縣長傅崐萁
受訪時間：2018 年 2 月 27 日

　　這次東臺灣如此龐大的地震，對我們的民生及地方發展造成空前的重創，我們要感謝來自全臺各地的救助人員、志工團體、搜救隊員、國軍將士，都在第一時間趕赴花蓮，在災區的現場，給我們最大、最大的支持。

　　當然，我想第一時間趕到（災區現場）的還是慈濟人，給我們很多、很多的協助和幫忙，也撫慰我們這些災民心中的傷痛。當這次震災以後，我們過去沒有任何的經驗，但還是找到一定的節奏，讓整個救災能夠在完整迅速的情況之下盡速完成。

　　接著下來，就是復原和重建工作，目前不管是復原還是重建工作，都積極地在進行當中。復原到今天（2/27），四棟（倒塌）大樓的拆除以及綠美化，所有的景觀都會恢復原有的地景、地貌。

　　還有市容、相關道路的破損等等，都積極地在修建當中；包括這次有四萬五千戶停水，花蓮的地下有五百處斷管，也在全臺各縣市的自來水機工人員協助之下，在將近半個月的時間之後，能夠讓所有斷水的問題得到解決。

　　我們非常感謝各界踴躍地捐入善款，在行政院張善政前院長以及東華大學校長、慈濟醫院院長，中國時報社長、五位大律師、三棟受災戶的災民代表，以及縣政府政風處處長共同組成善款監督委員會，對整個復原和重建工作積

花蓮縣縣長傅崐萁為感恩慈濟投入救
災，並學習慈濟災後重建經驗，二度
造訪靜思精舍，親自向證嚴上人致意，
表達感恩。（圖片提供／慈濟基金會）

極地投入。

　　目前，整體的復甦是花蓮碰到最大的問題，過去從九二一也好，臺南大地震也好，很多的地震，復原和重建的步驟都不是這麼樣地快速，但是我們可以確定花蓮的重建，可以在十四個月內完成，包括所有受災戶的 RC 永久屋，我們會在十四個月內完成，讓所有的災民能得到一個安身立命的棲所。

　　更重要的是整體花蓮景氣的發展，受到空前的重創，包括觀光業、石材業，尤其觀光更是地方最主要的龍頭產業，在整個地方的產業鏈裡面，當最大的一環受到重創以後，緊接著下來可能會有很多的骨牌效應，包括農業的伴手禮也會在觀光蕭條的時候，一併受到非常嚴重的影響。

　　我們在這裡，除了再一次感謝全臺及海內外這麼多善心人士，對花蓮關注以及伸出援手，給我們最大的支持，還有這麼多志工團體能夠到花蓮，直接身體力行來協助受災戶，並恢復我們的市容地貌。

　　我們在這裡更希望全臺所有的鄉親、我們所有的慈濟人，大家用行動愛臺灣，牽手來花蓮，我們最需要的就是大家能夠走進花蓮，大手牽小手一起走進花蓮，看看我們的生命力還是非常強韌，我們持續在受傷的環境中，努力地要站起來，希望大家能夠給我們最多、最多的鼓勵，只要來花蓮看看、走走，就是給我們最大的支持。

0206花蓮地震慈濟緊急援助階段十項賑災行動

1 **救難現場提供賑災關懷**
災後第一時間成立總指揮中心、協調中心、現場關懷服務中心，分別於雲翠大樓、統帥飯店、白金雙星大廈等災難現場成立關懷服務中心，照顧平安撤離災民、膚慰人心、提供熱食，並作為救難人員的照顧後盾。

2 **收容中心關懷**
分別於中華國小、小巨蛋（德興體育館）、慈濟靜思堂寮房等三處收容中心，提供生活關懷、物資協助、熱食提供、心靈膚慰、防疫行動等。

3 **致贈慰問金予重災戶**
七日當天立即針對災區房屋毀損重災戶，依據家庭人口數致贈慰問金！

4 **醫院關懷**
七日當天凌晨志工分別前往慈濟醫院、門諾醫院、署立花蓮醫院等，進行膚慰關懷。

5 慈濟醫療系統啟動
大量傷患緊急救護

6 **於安置中心設立教育課輔閱讀中心**
由慈濟教育志業教授和學生在安置中心針對小朋友和學生進行課業輔導、教育陪伴等。

7 **罹難者助念與家屬陪伴**
為往生者進行助念，全程陪伴臺灣、大陸、加拿大、菲律賓等往生者家屬。

8 災區安心關懷行動
結合靜思精舍常住師父、四大志業主管與同仁，以及花蓮、臺北、宜蘭、臺東、高雄、臺南、大陸、美國等地慈濟志工，針對災區臨近區域受驚嚇的民眾，挨家挨戶進行膚慰關懷。

9 音樂祈福會膚慰人心
邀請受災與受驚嚇的民眾到慈濟靜思堂，透過宗教的靜思祈禱、音樂膚慰人心的愛心能量，安定民心。

10 **感恩救難英雄**
針對爭取時間、搶救生命的救難英雄，在急難階段之後，提供感恩祝福禮，表達對救難英雄的慰勞與敬意。

虔誠！全球為臺灣祝福

　　經歷一夜的驚恐，隨著災況不斷傳出，人心愈是惶惶不安；好不容易捱到天亮，臺北慈濟醫院在院長趙有誠的邀集下，四百多人於八點十五分在大廳參與祈福會，為花蓮地震受災居民祈福。趙院長在第一時間已與花蓮方面聯絡，若有任何物資、醫護需求，「臺北慈院會立即支援，未來如果需要動員人力，也希望同仁一同支持。」

　　同一天早晨，臺中慈濟醫院大廳聚集近二百五十位醫護同仁、志工與民眾，為花蓮震災祈福。簡守信院長提醒大家，急性期過後的關懷、心靈的膚慰更重要，希望大家做好準備，「將我們這分虔誠的祈禱上達諸佛聽，讓花蓮很快平靜下來。」

　　伴隨著〈祈禱〉、〈愛與關懷〉的樂音，關山慈濟醫院大廳的電視畫面，不斷播放花蓮地震災情、受難家屬的悲慟。看見慈濟志工的愛心、搜救單位不眠不休找出失聯鄉親的景象，許多人難過地頻頻拭淚。除了為受災鄉親祈福，許多人不約而同捐出善款，希望幫助鄉親重建家園。

　　慈濟志業總動員，位在花蓮的同仁與志工直接投入震後援助工作，花蓮以外地區雖然無法親至災區獻力，則是舉辦祈福會，以虔誠慈念悲心祈願臺灣平安；臺灣人的愛心持續不斷，許多人捐助點滴善款，幫助花蓮復建。

土耳其滿納海學校的敘利亞籍學生，
拿著親手繪製的「謝謝臺灣」圖畫，
感謝臺灣的愛心援助，也為花蓮地震
受災鄉親送上祝福。（攝影 / 余自成）

花蓮大地動 全球集氣募愛

　　愛是最溫暖而堅強的支持力量！花蓮地震發生後，臺灣慈濟志工動員協助物資、人力，海內外慈濟志工紛紛以行動為臺灣祝福，盼用愛陪伴受災鄉親度過艱難時刻。

　　慈濟成立五十餘年來，慈善的足跡遍及全球九十五個國家地區，並將榮耀回歸臺灣；此次臺灣有難，慈濟曾在全球苦難角落付出過的愛，從四面八方回流到臺灣，來自世界各地的祝福不斷湧入花蓮，有心靈支持的祈禱，也有實質的善款援助，都是希望災區民眾能盡快重新站起。

　　遠在海外的華人，無法及時回到臺灣，為鄉親盡一分心力，於是舉辦祈福會，為花蓮加油打氣。慈濟加拿大分會邀請社區民眾、志工與會員，一起為受災鄉親祈福；駐溫哥華臺北經濟文化辦事處處長李志強感恩慈濟舉辦祈福會，讓僑民有機會為花蓮祈福。

　　美國慈濟幼兒園的孩子，每天中午用餐前靜心祈禱，希望虔誠的祝福能傳達給臺灣受災鄉親，並祈願臺灣不再有地震；各年級的學生也發揮自己的創意，製作海報，用有限的中文表達最誠摯的祝福。

　　手捧心燈，虔誠祈禱，遠在柬埔寨的慈濟志工舉辦祈福會，為受災的花蓮鄉親傳遞祝福。2008 年納吉斯風災重創世界米倉緬甸，慈濟志工在當地播下慈善種子；慈濟發源地受難，緬甸志工人人雙手合十，為受災的花蓮祈福。

馬來西亞慈濟大愛幼兒園特別召開週會,全校師生虔誠一念祝福臺灣。四歲班的孩子在老師的帶領下,以手掌為葉片,拇指為果實,將祝福印在卡片上,把愛送往臺灣。另有社區道場天天為花蓮祈禱,有人一下班,制服還沒換就趕往會所,虔誠凝聚善的力量。

遠在南美洲的多明尼加,慈濟學校學生的心也貼近臺灣。曾經居住在垃圾山的孩子無法讀書,慈濟援村建校後,他們有了追求夢想的希望;本著回饋的感恩心,孩子們紛紛捐出竹筒,奉獻一點點零用錢。

災難過後,眾人齊聚善念,為受災人祈福,也為不安的大地,凝聚穩定的力量;更有許多比臺灣還要貧窮的國家如非洲、墨西哥,甚至曾受過慈濟援助的敘利亞難民,紛紛主動捐出僅有的積蓄,為臺灣加油。

以善回饋善 和你站在一起

「現在臺灣發生地震了,幫助我們的人有困難了,誰要幫助他們?」在土耳其滿納海學校就讀的敘利亞難民兒童爭相舉手:「我願意!」孩子們抱著慈濟人援助他們時所贈與的竹筒,把「愛心」存入後,要把這分愛送回地震發生地——臺灣花蓮。

敘利亞難民小朋友的愛心不落人後,聽到臺灣發生地震,慈濟在土耳其長期援助的滿納海學校師生,除了為臺

灣祈禱，也發起募心募愛活動。雖然大家生活上各有困難，此時卻同心齊力，只想為臺灣盡一分心力。

四年級的和目弟‧伊伯拉辛只有一隻腳，也在送愛的行列中：「我很感謝臺灣和我們站在一起，所以我也要和他們站在一起。」五年級的福阿德‧納加，因打工意外而斷了手指，他將所存的一百多里拉（約新臺幣七百多元）全數捐出，回報慈濟幫助他上學，讓他不再需要去打工。

一列長長的隊伍，都是等著要對臺灣的幫助表達感恩，也對花蓮地震表達哀痛的難民孩童；而滿納海各分校老師、校長及義診中心的醫護人員，則是為地震受難者念誦《古蘭經》，祈願亡者靈安。

與土耳其一樣友善難民的約旦，境內收容數百萬名從敘利亞逃出的難民。約旦慈濟志工在為難民發放臺灣愛心米時，得知花蓮受到震傷，難民紛紛報以善意回應，孩子捐出身上零用錢、婦女義賣手工點心……他們都想方設法要幫助一直都在關心他們的臺灣。哈山親王亦親自寫信向上人致意，表達對臺灣的關懷與鼓勵。

而約旦境內生活在貧窮線以下的貝都因人，也紛紛捐出自己僅有的積蓄，一同為臺灣加油。約旦當地慈濟志工 Lily J. A. Ramian（慈力）說：「很靠近慈濟的心靈故鄉，發生嚴重大地震，全世界有愛心的人都在幫忙募心募款，希望大家也都能透過小小的竹筒，捐出一點點的愛心。」

約旦慈濟志工長期關懷游牧民族貝都
因人，在志工的長期關懷下，愛心受
到啟發，聽聞花蓮地震造成重災，紛
紛捐出僅有的零錢，送愛到花蓮。(圖
片提供 / 慈濟約旦分會)

0206花蓮地震
捐款國家/地區 **36**個

統計日期：2018/2/28日止

歐洲 荷蘭、德國、義大利、英國、法國、奧地利

亞洲 臺灣、中國大陸、香港、馬來西亞、柬埔寨、菲律賓、印尼、斯里蘭卡、

非洲 南非、賴索托

土耳其、約旦、日本、
尼泊爾、汶萊、新加坡、
緬甸、韓國、越南、
泰國

美洲　美國、墨西哥、多明尼加、
阿根廷、巴西、厄瓜多、
智利、巴拉圭

大洋洲　澳洲、紐西蘭

曾經受援 這次換我助您

　　幸福，是什麼滋味？曾經遭逢天災、人禍等重大災難的國家民眾，最有感受。

超越宗教 心連心沒有距離

　　天主教國家菲律賓 2013 年 11 月遭遇強颱海燕的摧毀，萊特省差一點被宣布棄城。慈濟志工深入災區，帶動鄉親以工代賑，靠自己的力量恢復生活；慈濟並援建大愛村，幫助他們重建家園。五年來，志工的腳步未曾離去。

　　「把愛，從奧莫克送到臺灣。」慈濟在奧莫克援建的大愛村，村民自製募款箱走上街頭，在菜市場、百貨公司、市政府……九十度彎腰，要匯聚十方的愛心，送到臺灣。

　　「經歷過許多次災難，慈濟都來幫忙，這次臺灣地震，應該換奧莫克來幫助慈濟和臺灣人民。」奧莫克市長理查（Richard Gomez）率先響應，投下愛心；前市長柯迪拉（Edward Codilla）也慷慨解囊，「大家一起來付出，不論多少，重要的是我們有盡力幫忙。」

　　曾在獨魯萬、慈濟援建的聖嬰教堂服務的加尼神父（Fr. Gani Petilos），調派到奧莫克最大、最主要的聖彼得和保羅教堂服務。彌撒時，加尼神父表達要為花蓮募心募

曾經在海燕風災後接受慈濟援助的奧
莫克大愛村村民發起募心募愛活動，
所募得的點滴都是對臺灣伸援的感恩
與回饋。(圖片提供／慈濟菲律賓分會)

愛，「我鼓勵信徒要付出，幫助臺灣地震的兄弟姊妹。」

印尼則是在 2002 年連續暴雨，素有「雅加達黑色心臟」之稱的紅溪河因地勢低窪，造成嚴重氾濫，居民泡在汙水中長達一個月。慈濟志工遵循證嚴上人的指示，展開「五管齊下」——抽水、清掃、消毒、義診、建村，並在村內設立義診中心與學校。

印尼與臺灣兩地相隔遙遠，但心連心沒有距離，慈濟援建的金卡蓮大愛村民雖然生活不富裕，也想為花蓮地震盡心力，掏出身上僅有的銅板，跨海馳援。慈濟印尼分會與當地大愛電視臺、慈濟國際學校等志業體，則在各種集會時間虔誠祈禱，匯聚眾人的心念，祝福臺灣。

懂得震痛 陪你走過悲傷

經常面臨地震的日本，難忘七年前「311 東日本大地震」發生時，臺灣對日本伸出友誼之手。這次花蓮地震，來自東北的鄉親與各地民眾，紛紛致電慈濟日本分會關心臺灣的災況，更有多處鄉親自主性地發動募心募愛活動。

日本民眾、影星紛紛慷慨解囊，首相安倍晉三更是親自表達慰問，書寫「台灣加油」字樣勉勵，並派遣救災小組動員到花蓮協助救災，承諾會陪臺灣度過難關。

愛心不斷凝聚，善的效應迅速加溫、擴大。由於臺灣援助日本 311 地震的因緣，大久保祐宜在爺爺的建議下，

來到臺灣花蓮慈濟大學就讀。剛來臺灣時一句中文都不會，大家很有耐心，用中文慢慢與他溝通，讓他覺得花蓮人非常地友善，希望能為花蓮做點事。

寒假回到日本，收到朋友訊息才知道花蓮發生大地震，不僅有房子倒塌，還有人傷亡。「家人們都很關心花蓮的狀況，了解災情以後就決定要捐款，幫助花蓮。」開學後回到臺灣，大久保祐宜帶來三筆捐款，委託慈大轉交給慈濟基金會，表達對花蓮地震的關懷和祝福。

地震的可怕經驗，中國大陸四川的孩子與鄉親心中的驚恐，至今仍難以抹滅。十年前，四川遭受特大地震釀災，臺灣慈濟志工往返奔波，為鄉親送上溫暖與膚慰；十年後聽聞花蓮遇到地震，大陸各界紛紛送上愛與祝福，慈濟援建的希望工程學校，親師生也都不分力量大小，捐輸點滴，希望臺灣鄉親感受得到他們的祝福。

去年（2017 年）底才受到地震重創的墨西哥，災區目前仍在重建中，當鄉親聽到幫助過他們的臺灣發生地震，感同身受並將身上的錢投進竹筒，透過前往臺灣尋根參訪的志工，親手交給上人作為賑災之用。義大利中區自從 2016 年發生強震，慈濟志工每年冬天都會前往探訪送愛；今年，當地一位老農夫遇見慈濟志工，特地回家拿錢包，託志工把愛送回臺灣。

同樣位於地震頻繁的太平洋火環帶上，厄瓜多曾在2016 年歷經芮氏規模 7.1 大地震的傷痛，也是與慈濟結緣

的開始，對於地震的災痛，他們懂！厄瓜多已經萌芽的志工種子珍妮弗（Jennifer），帶動社區志工舉辦募心募愛活動，會後大家一起高喊「Taiwan Se Levanta！（臺灣站起來）」，祝福花蓮早日重生。

曾經被愛 用盡力氣再回饋

即使無力抬舉雙手，也要用盡全身力氣提起手來，將銅板投入愛心箱中；雖然手掌蜷曲無法張開，仍請志工從他的口袋中，把所有的銅板都掏出來交到他手上，再用顫抖的手，緩慢地將銅板投入……

南非約翰尼斯堡坦畢沙的社區復健室裡，多是被醫生判定恢復機會渺茫的行動不便者，卻因為服飲慈濟志工愛的藥帖，長期有人醫會醫師為他們義診、本土志工陪伴他們復健，竟能不斷進步，甚至重獲自由行動。

未曾發生過地震的南非，不知道地震搖起來是怎麼一回事，這一群定期前來復健的鄉親都是低收入戶，平均月收入不到一千蘭特（約新臺幣二千四百二十五元），平時接受慈濟幫助的他們不曾踏出國門，也不知道臺灣在哪裡，但他們知道，慈濟的發祥地在臺灣花蓮。聽聞花蓮在地震中受災嚴重，他們毫無猶豫地紛紛慷慨解囊，只想要回饋慈濟給他們的愛，感恩慈濟讓他們可以再次站起來。

印尼慈濟國際學校的親師生，在各自
的班級裡為臺灣祈福，同時將平時儲
存善念的竹筒捐出，用實際行動幫助
臺灣，期盼受災鄉親能早日恢復正常
生活。（圖片提供／慈濟印尼分會）

歷劫歸來 平安就是福

　　為了讓花蓮場次的「慈濟歲末祝福感恩祈福會」能如常舉行，安心關懷行動由北區慈濟志工愛的接力，在靜思精舍常住師父的帶領下，分成三十條動線、走訪六百戶人家，逐戶探訪在地震中受驚害怕的鄉親，並送上安心祝福禮，希望花蓮鄉親感受到慈濟對花蓮的愛與關懷。

　　花蓮慈濟志工則是齊聚靜思堂，參與歲末祝福感恩祈福會，除了彼此給予祝福，互相勉勵新的一年要愈加精進、勤於付出，更祈求受災的鄉親身心平安。今年（2018 年）參加歲末祝福感恩會的人數沒有往年多，因為許多的志工仍然守候在各個受災服務據點，提供鄉親最即時、最需要的協助。無論志工身處在哪裡，心都與花蓮鄉親同在一起。

第一時間 救急也救心

　　歲末祝福感恩會中，花蓮慈濟醫院院長林欣榮帶領急診部主任賴佩芳、精神醫學部主任沈裕智、腎臟內科醫師王智賢上臺，分享與時間拔河、搶救生命的過程……

　　強震後不久，醫院隨即湧入因壓傷、挫傷、骨折，以及被玻璃或石頭砸傷的鄉親，他們的臉上滿是驚恐；同一時間，林欣榮院長立即動身前往慈濟醫院，已經看到一群

義不容辭趕來醫院的同仁們，共同加入搶救的行列。

急診部與精神醫學部，一個救急、一個救心，除在醫院急救病患外，精神醫學部在安置中心設置醫療站、全球志工寮房則設立心理諮詢站，不僅全方位幫助受災鄉親，同時留意救災人員的身心狀況，適時提供協助。

回憶地震發生當時，腎臟內科主治醫師王智賢最擔心的就是患有腎臟疾病的患者，鄰近統帥飯店及雲門翠堤大樓的醫院，洗腎器材皆因地震破損，大量病患因而回流到慈濟醫院，王醫師很感謝這段期間一起努力的同仁。

大地震的那一夜，恐懼揮之不去，花蓮歲末祝福集結了眾人的祈禱，包括花蓮縣政府官員、減災希望工程六校校長等貴賓皆蒞臨參與，以及慈濟志工、鄉親約三千人凝聚善念、共同祈福，為地震亡者祈求靈安，也為受災鄉親祈福，期盼新的一年能夠互助合作，共同克服種種困難。

平安道感恩：您的弟子回來了！

「上人！您的弟子回來了！」住在雲門翠堤大樓、劫後餘生的慈濟志工吳美和廖連逢，兩夫妻激動地在「慈濟歲末祝福感恩祈福會」上，向證嚴上人報平安、道感恩。

回想起那一夜，夫妻倆聽到霹靂啪啦玻璃破碎的聲音，眼前霎時一片漆黑，他們所住的六樓，瞬間陷成二樓；回過神來，乍然發現屋子整個傾斜，想爬都爬不起來，吳

美害怕得兩腳發軟，使不上力。

　　廖連逢藉著桌上供奉的宇宙大覺者的底座ＬＥＤ燈照明，找到妻子的鞋子，為她套上，又取來保暖衣服，將她包住。因為大門出不去，廖連逢引領著吳美，雙膝跪著，沿著牆壁慢慢摸索前進，護送吳美到後陽臺。

　　此刻，廖連逢看見住在同社區的公車司機吳志慶搬來梯子，並大聲呼喚。明明震到六樓變二樓，吳美還是嚇得發抖，邊爬下、邊尖叫，直至觸及地面，雙腳仍抖動不停。

　　臨「下樓」之前，廖連逢連忙拿起了枕頭套，小心翼翼地裝入了宇宙大覺者和上人的法像，接著一手扶住階梯、一手緊抓肩上背袋，光著腳丫子小心地往下走，逃了出去！他說：「一路上好像有菩薩指引，宇宙大覺者的光照亮了前方，才讓我們可以順利逃生、脫離險境。」

　　同時間，資深志工謝慧雯從訊息得知雲門翠堤倒塌，直覺那就是吳美的家，即迅速地打電話關懷。確知兩人平安，但一時無家可歸，謝慧雯馬上接他們到自營的民宿休息；看到夫妻倆打赤腳、穿著單薄的衣服，心疼之餘，趕忙張羅保暖、乾淨的衣服和鞋子。

　　「感恩上人對弟子的疼愛，感恩救命恩人吳先生，及大家的關心。」平時夫妻倆做清潔工作，好不容易擁有一間房子卻倒塌了，他們一點也不埋怨，反而感恩上人及慈濟法親的溫馨關懷。「明天先到，還是無常先到？」廖連逢有了深刻體會，「真的要把握時間做好事！」

2 月 10 日慈濟在花蓮靜思堂舉辦兩場
歲末祝福暨授證典禮，四大志業體同
仁與志工齊心為臺灣祝福、為受災鄉
親加油，期盼災區早日重建、社會祥
和、天下無災無難。（攝影／陳李少民）

精舍團圓 都是一家人

　　家毀了，這個年，該怎麼過？

　　除夕夜，靜思精舍席開二百二十桌，除了海內外返回心靈故鄉——靜思精舍圍爐的慈濟人之外，同時邀請居住在七星潭屋損嚴重、從雲門翠堤與統帥飯店死裡逃生、因驚嚇過度而不敢回家的受災當地鄉親，一起來圍爐、吃團圓飯。

　　「好，回家了！」上人揮揮手，示意大家安坐下來，再進一步走到受災鄉親面前，溫暖地問候。住在七星潭的潘奶奶，一臉微笑，直對著上人道感恩。

　　大團圓的喜氣，掃去了潘奶奶幾天來的驚嚇，她自嘲地說：「浴室的牆壁都崩塌了，現在要找房子，要搬走，不搬不敢洗澡；以前洗澡要十分鐘，現在只要五分鐘就好了。」停了一會兒，潘奶奶搗著嘴笑一笑：「怕洗一洗，地震又來了怎麼辦？」旁人一聽，拍拍奶奶的肩膀，懂她害怕的心。

　　潘奶奶的家園毀了，她失去很多，卻也擁有很多。慈濟志工邀約她前來靜思精舍除夕圍爐，她被愛團團地包圍著；當她見到上人，心底自然流露出滿心的喜悅，和九天前地震時的一臉惶恐，大相徑庭。其實，這個年，潘奶奶並不孤單。

除夕夜，除了海內外慈濟人紛紛回到
心靈的故鄉圍爐團聚，在地震中家毀、
受驚的鄉親也在志工的邀請下，一起
團圓吃年夜飯，彼此互相感恩與祝福。
（攝影／邱瑞連）

活著走出來 感受大家庭的溫暖

　　另一桌，梁書瑋大口大口吃著團圓飯；能從倒塌的統帥大飯店獲救走出來，他只覺得自己的命好大。二十六歲的梁書瑋是統帥大飯店的員工，飯店應聲倒塌的瞬間，他正在大廳值夜班，心想：「這下完了！」

　　回想起來，梁書瑋仍感到很不可思議，「因為被困在一根柱子旁，就一直躺到早上，隱約聽到鑽洞機跟挖土機的聲音，感覺到有救了，就開始往聽到聲音的來源處爬過去。」

　　在倒塌的飯店中受困十五個小時後，梁書瑋在救難人員的協助下，自己走出倒塌的飯店；除夕夜，他還能與大家一起團圓吃年夜飯，「我以為吃素會不習慣，還滿好吃的，還滿對我的胃口的。」

　　望望四周，身處在精舍圍爐的當下，梁書瑋有著一股莫名的悸動，「這比我在公司吃尾牙還多人，我的公司尾牙才一百個人，這邊應有兩千人……」今年（2018 年）的年夜飯對梁書瑋來說很不一樣，他和爸爸一同前來靜思精舍圍爐，感受慈濟大家庭的溫暖氛圍。

經歷受災 東歐教授以慈濟為研究對象

　　曾於去年（2017 年）9 月參訪靜思精舍的魏瑪雅，今

年再來的心境感受完全不同。

從東南歐國家斯洛維尼亞來到臺灣，進行「宗教與災難的關係」研究的魏瑪雅，與先生、一歲多的孩子暫住在花蓮市國盛一街。震後害怕不斷發生的餘震，一家人進住中華國小安置中心，「天氣冷，有毛毯，有熱的食物；過了一會兒，師父來了，給我們熱薑茶、饅頭，感覺是特別好吃的一餐。」

有愛的包圍，溫暖了魏瑪雅的心田，想到志工安心家訪時，收到上人祝福信的莫名感動，參加祈禱音樂會的安詳感覺，還有全家人在地震後，第一時間受到慈濟的幫助等親身體驗……一連串的感動，讓魏瑪雅臉上的笑容愈來愈燦爛。

今年的除夕圍爐，魏瑪雅一家人與幾位曾在中華國小安置的鄉親結伴同來精舍，讓她想到就像在自己家鄉，跟自家人一起慶祝過耶誕節一樣，「雖然，大家互不相識，但人與人之間那種融洽的互動，很感動也很訝異！」

「災難發生，慈濟的賑災經驗真的很豐富。」經歷過此次地震，魏瑪雅決定以慈濟作為她的研究對象，「雖然這是很辛苦的事情，我也特別擔心我的家人，因我的小孩才一歲多，但這對我的研究和調查來說，是一個非常珍惜且難得的機會。」

用音樂打開封閉的心

「山連著山，接著海洋，這是我的故鄉⋯⋯」一首〈故鄉花蓮〉，唱出花蓮山海的壯闊之美，描繪故鄉花蓮的閒適生活；對照著地震後倒毀的大樓，走不出那一夜驚慌恐懼的鄉親們，再也忍不住多日來壓抑的情緒，哭了出來！

〈故鄉花蓮〉（Hometown Hualien）
演唱：湯姆與哈克　　詞、曲：TOM

山連著山 接著海洋 這是我的故鄉
海風揚起 星光天際 歌聲充滿大地

我的故鄉 是高山（我的故鄉在東邊 我的故鄉在山邊）
我的故鄉 是海洋（我的故鄉在海邊 我的故鄉在花蓮）

是否聽見海浪的聲音 一聲一聲打進你心底
像是一種古老的印記 深深烙在你的心底
是否聽見山谷的迴音 一層一層盤旋在心底
像是祖先呼喚的聲音 孩子們為何你們要離去

一首首溫暖動聽的歌曲，將全場上千顆心串聯一起，不僅膚慰了受災鄉親的心靈傷痛，更是慈濟藝聯會志工對受災鄉親最誠摯的祝福。（攝影／王嘉彬）

不可能的任務 一場音樂會誕生

　　芮氏規模 6.26 的主震過後，兩日內發生超過二百次餘震，慌亂中逃出家門的鄉親們，接受縣政府安置在安全的地點，卻仍放不下心中的擔心與害怕，吃不下、睡不著、情緒激動而敏感，房子稍有一點搖動，下意識地就想往門外衝……

　　這一分不安與憂慮，靜思精舍師父與慈濟志工們深刻感受到了，伸出雙手、讓出臂膀，作為鄉親最溫柔而堅定的依靠。2 月 10 日安心關懷行動仍在進行，慈濟規劃隔天晚間，與大愛電視臺、慈濟志工聯合籌辦「祝福花蓮・祈禱音樂會」，期盼藉由音樂的力量，讓鄉親釋放積壓已久的悲傷，療癒受創的心靈。

音樂會從晚上七點，改到下午三點！

　　突如其來的變化球，壓縮了原本緊迫的時間，對於工程團隊而言，更是一項大考驗，大愛臺科工部余杰沼說：「很匆忙，因為一個需求可能會花上半個小時，甚至更多時間才能解決。」

　　只有一天的籌備時間，考驗著工作團隊的合作默契與應變能力，所有人犧牲睡眠、全力以赴，讓這一場「祝福花蓮・祈禱音樂會」，從無，到有！

越晚越有愛 讓萬芳放心

雲門翠堤大樓倒了，身在遠方的萬芳，思緒早已翻飛到山的這一頭，「地震那一天，我姊姊正在花蓮，就在倒塌房屋的旁邊。」不管電話怎麼撥都接不上線，萬芳不知道姊姊是否安然無恙？

好不容易，電話終於接通了，話筒那一端傳來姊姊顫抖的聲音：「我現在就在中華國小的安置中心……」聽到姊姊的聲音，萬芳焦慮不安的心終於放下，而且自心底升起萬分的感動，因為姊姊跟她說，「幸好一路上受到慈濟人的關懷與陪伴，而且，越晚，慈濟人越多！」

萬芳感動莫名，因為她知道人間有愛，到處充滿溫情。萬芳特地前來參與祈禱音樂會，為大家獻唱〈人間有愛〉，「感謝你，給了我，溫暖的擁抱，讓我擺渡過生命低潮……」萬芳在臺上深情演唱，臺下觀眾也一起大聲唱和，眾人都洋溢在溫馨的氛圍裡，讓心舒緩，擁愛相伴。

耳熟能詳的旋律漸止，掌聲隨之熱烈響起，萬芳濕潤著眼眶，娓娓道出她的祝福：「我今天帶著一顆感恩的心，祝福所有人趕快重建家園，重建健康的心靈。」

盡情唱、盡情哭 人平安就好！

悠揚的小提琴聲，迴盪在莊嚴的講經堂裡，坐在臺下

聆聽樂音的林女士，身體明顯鬆軟不少。她側著臉，淡淡地跟志工說：「國盛六街吾居吾宿的家，就這樣倒了；地震已過了好多天，一想到，心裡還是會很痛，真的嚇到了！」

　　林女士是土生土長的花蓮人，自小成長的地方就在斷層帶上，對於地震時不時的搖晃，早就習以為常，「但這次真的沒想到，為什麼會在花蓮？」那一夜，林女士跟先生在倉皇中從二樓窗戶跳下，幸好有人保護著，讓他們逃過一劫；之後的每一天、每一刻，她再也吃不下、睡不著，無形中，也把自己封閉起來。

　　從小在花蓮長大的知名藝人黃雅珉，對於花蓮有一分很特別的情感，「地震當天晚上，陸陸續續傳出花蓮災情，才知倒了大樓，心裡就想到我們的心靈故鄉，很擔心！」接到慈濟藝人聯誼會（簡稱藝聯會）通知，立刻報名參加「祝福花蓮·祈禱音樂會」，心想：「先來到災區再說，能做的就盡量做。」

　　藝聯會志工用歌聲撫平鄉親們心中的痛，和他們握握手，抱一抱。「有吃飽嗎？有穿暖和嗎？」楊貴媚透過麥克風，像媽媽一樣關心著大家；她知道鄉親們的害怕，刻意走下臺，把他們抱得好緊、好緊。鄉親們的淚水，再也止不住……

　　「我相信人間有愛值得去期待，長久封閉的心終究會打開……」萬芳所演唱的〈人間有愛〉，彷彿投射到林女士的內心深處。「哭一哭，比較舒服了。」林女士隨著歌

藝人們一聲：「有吃飽嗎？」一個深
刻的擁抱，讓受災鄉親釋放多日來的
悲傷與壓力，也讓他們更有勇氣面對
後續的重建工作。（攝影／陳光華）

聲一起和、一起唱，不再只是想，「為什麼會發生在我身上？」

在祈禱音樂會裡，林女士跟著所有人一起融入愛的氛圍裡，盡情地唱、盡情地哭，整個人感覺放鬆了許多，心裡的糾結也慢慢地打開。當她走出祈禱音樂會現場，也同時走出內心的陰霾；她帶著淺淺的微笑，告訴自己：「人，平安就好！」

用感恩心 自我祝福

美麗的寶島臺灣，位在地震頻繁的環太平洋地震帶上；此次強震為花蓮帶來災情，需要凝聚更多愛的能量，協助受災鄉親迅速走出傷痛，恢復生活。「祝福花蓮‧祈禱音樂會」上，一首首溫暖的歌曲，將全場所有人的心都串聯一起，彼此祝福、互相扶持。

上人在祈禱音樂會上，感恩所有志工菩薩、醫護同仁，震後第一時間，雖然自家凌亂，卻直接奔往災區、醫院；災後更有許多不同宗教、國家紛紛來訊關懷，向著臺灣、向著花蓮，這些都是愛的湧現，是愛的能量的凝聚。

「我們要安心、要放心，要自我祝福，安下心來，才能走出陰霾，才會有光明。」上人期勉大家：「花蓮這一波（地震）已經過去了，請大家要相信，我們要時常抱著感恩與祝福，人人都可以做一位擁抱蒼生的大愛之人。」

「祝福花蓮·祈禱音樂會」中,證嚴
上人帶領大家點燈、祈禱,人人以最
虔誠的心念,為花蓮、為臺灣,也為
世界獻上最虔敬的祝福。(攝影/潘彥
同)

0206花蓮地震慈濟援助行動表

2018.02.06 慈濟基金會於「0206花蓮地震」後，23時55分在靜思精舍成立防災協調總指揮中心，展開援助行動；1時20分於花蓮靜思堂成立合心防災協調中心，就近調度物資及人力。

2018.02.07 靜思精舍師父凌晨一點開始準備薑茶、饅頭和香積飯等熱食，並送至災民安置點及災區，予避難鄉親溫飽，讓搜救人員補充體力；供餐持續至賑災工作結束，期間慈濟醫療、教育志業體供餐單位亦協力供應熱食。

花蓮慈濟醫院於7日凌晨零時10分啟動急診大量傷患緊急應變機制，召集近三百位醫護、行政人員投入救援工作；8日起展開「安心醫療服務」，除安排身心醫學科門診以外，並舉辦災難後心理調適講座，以及設立專線與駐點站，提供相關諮詢服務。

開放慈濟志業園區全球志工寮房安置慈大學生及避難民眾，並自本日起，陸續在國民四街（志工自宅）、福康大飯店、中華國小、縣立體育場、金銀島廣場、天惠堂、藍天白雲民宿、殯儀館、自強國中，設立慈濟服務中心。

土耳其慈濟志工在得知花蓮震災後，7日率先發起募心募款活動，截至28日止，共有三十五個國家地區的慈濟人為花蓮鄉親進行勸募。

防災協調總指揮中心除了使用原有備災物資，本日起也自臺北、宜蘭等地調度環保毛毯、圍巾及福慧床等物資，支援賑災行動。

證嚴上人於本日上午前往災區探視，實地了解災情；靜思精舍師父下午帶領慈濟志工前往政府收容所中華國小與縣立體育場，為鄉親致送證嚴上人慰問信、福慧禮及慰問金。

2018.02.08 教育志業體師生在政府收容所中華國小、縣立體育場設置「課輔陪伴閱讀中心」，為避難兒童提供課業輔導、閱讀、繪畫、桌遊、運動及關懷陪伴。

慈濟志工於本日開始為罹難者助念及關懷家屬。

於8至10日晚間在重災區雲門翠堤大樓附近開設「深夜食堂」，以行動餐車為徹夜搜救的救難人員提供熱食。

2018.02.09 搜救進入第三天，到花蓮支援的各縣市救難人員及國軍弟兄陸續完成任務，並準備撤離。靜思精舍師父本日開始帶領慈濟志工向救難人員致送祝福禮，表達慰勞與敬意；另於12、13日前往花蓮警消單位致意。

2018.02.10	靜思精舍師父帶領慈濟志工進行災後安心關懷行動，10、11日於雲門翠堤大樓、統帥大飯店、靜思精舍、慈濟志業園區、慈濟教育園區周邊，分一百四十六條動線逐戶拜訪關懷。
2018.02.11	慈濟於靜思堂舉辦「祝福花蓮·祈禱音樂會」，邀請慈濟藝聯會志工與慈濟志工一同膚慰受災鄉親，並感恩投入救災的警消及社會團體。
	位於米崙斷層上的七星潭社區，部分民宅因強震受損，靜思精舍師父帶領基金會職工、慈濟志工，11、13日至社區關懷受災居民，並致送慰問金。
2018.02.12	「0206花蓮地震」搶救告一段落，花蓮縣縣長傅崐萁等人12、13日兩度到訪靜思精舍，感恩慈濟參與賑災之餘，也了解慈濟的賑災狀況。
2018.02.14	花蓮縣政府於上午10時關閉收容所，宣告緊急援助階段結束。慈濟靜思精舍防災協調總指揮中心、靜思堂防災協調中心任務圓滿撤離；賑災期間共動員臺北、桃園、臺中、雲林、臺南、高雄、宜蘭、花蓮、臺東等地志工二千八百七十二人次。
2018.02.28	雲門翠堤大樓最後兩具大體25日送出，志工動員於現場及殯儀館接力助念，祝福罹難者靈安；26日再至殯儀館為往生者助念；28日入殮、公祭和火化時，志工皆一路陪伴在家屬左右，直到一切圓滿結束。

關懷行動數據統計

統計截至2018/03/01

志工動員
3,067人次

毛毯**1,801**條
福慧床**744**床

熱食
16,803人份

致送關懷慰問金
211戶 **431**萬元
（未含提供災民熱食、毛毯、福慧床、生活包等支出）

生活包
239包

安心祝福禮走訪**1,282**戶
送出**1,068**份
救難人員感恩禮**1,592**份

國家圖書館出版品預行編目 (CIP) 資料

八天八夜的奇蹟：慈濟毫秒援震花蓮 / 慈濟基金會人文志業發展處編著.
-- 初版 . -- 臺北市：經典雜誌，慈濟傳播人文志業基金會，2018.06
　面；　公分
ISBN 978-986-96609-1-4(平裝)
1. 佛教慈濟慈善事業基金會 2. 花蓮市 3. 地震 4. 災難救助
548.319　　　　　　　　　　　　　　107009024

八天八夜的奇蹟 慈濟毫秒援震花蓮

慈濟基金會人文志業發展處 編著

總 策 劃／何日生
企　　劃／賴睿伶
責任編輯／賴睿伶、黃基淦、羅世明、吳瑞祥、廖右先
編　　輯／盧筱涵、蘇慧智、高芳英
圖卡製作／陳誼蓁、王藝君、沈昱儀
圖像彙整／蕭惠如、沈冠瑛、褚于嘉、高芳英
文　　稿／丁瑟琴、王鳳娥、吳珉珠、吳珍香、吳燕萍、呂巧美、李色娟、李志成、沈玉蓮、周李艷、
　　　　　林沛慈、林玲悧、林淑懷、林鳳君、張如容、張美齡、梁玉玫、許美雀、許雅玲、許麗珠、
　　　　　陳怡伶、陳春淑、陳秋華、彭鳳英、彭薇勻、曾美姬、曾慶方、黃沈瑛芳、黃秀花、
　　　　　黃秋惠、黃鳳框、楊金燕、廖月鳳、蔡堆、蔡凱帆、蔡翠容、鄭淑真、鄭碧玲、盧筱涵、
　　　　　賴春薇、魏玉縣、羅月美
攝　　影／王嘉彬、江昆璘、余自成、吳瑞祥、李家萱、沈淑女、林蔚綺、邱瑞連、邱繼清、徐瑩芷、
　　　　　張福榮、許露文、陳光華、陳安俞、陳李少民、陳忠華、陳清寶、陳麗雪、詹進德、
　　　　　廖文聰、劉鴻榮、潘彥同、鄭啟聰、黎恆義、蕭耀華、魏瑋廷、羅明道、羅瑞鑫
志工協力／王鳳娥、吳亞馨、吳碧珠、李志成、李思蓓、沈淑女、林美貴、林鳳君、洪岱瀅、洪苑菱、
　　　　　張漢倫、郭德勝、陳素蘭、陳毅麟、彭智明、游坤旗、黃玫嘉、黃素貞、黃湘卉、葉朝慶、
　　　　　蔡素美、蔡翠容、蕭寂興、羅枝新、羅庭茜
圖文提供／《慈濟月刊》、《人醫心傳》、慈濟大學、慈濟印尼分會、慈濟科技大學
　　　　　慈濟約旦分會、慈濟菲律賓分會
發 行 人／王端正
總 編 輯／王志宏
叢書主編／蔡文村
叢書編輯／何祺婷
美術指導／邱宇陞
美術編輯／蔡雅君
出 版 者／經典雜誌　財團法人慈濟傳播人文志業基金會
地　　址／台北市北投區立德路二號
電　　話／（02）2898-9991
劃撥帳號／19924552
戶　　名／經典雜誌
製版印刷／中原造像股份有限公司
經 銷 商／聯合發行股份有限公司
地　　址／新北市新店區寶橋路 235 巷 6 弄 6 號 2 樓
電　　話／（02）2917-8022
出版日期／2018 年 6 月初版
定　　價／新台幣 280 元

【經典】
—CARE—
【關懷】